Introducción:

Bienvenido al fascinante universo de Ethereum, un ecosistema revolucionario que va mucho más allá de los límites de las finanzas digitales. Imagina un espacio donde las transacciones no son simplemente intercambios monetarios, sino contratos autoejecutables; donde las aplicaciones pueden funcionar sin una autoridad central y donde la innovación es el combustible de cada línea de código.

Este libro es tu pasaporte para explorar las profundidades de esta plataforma blockchain. Ethereum, más que una simple criptomoneda, encarna una revolución tecnológica. Es un lienzo en blanco para mentes creativas, una infraestructura descentralizada que redefine cómo concebimos la confianza, redactamos contratos y construimos aplicaciones.

A lo largo de estas páginas, descubrirás cómo Ethereum ha pasado de ser una visión audaz a una realidad revolucionaria. Nos sumergimos en sus fundamentos, explorando la magia de los contratos inteligentes, desentrañando los mecanismos complejos de la cadena de bloques y navegando a través de un ecosistema dinámico de proyectos innovadores.

Pero Ethereum es mucho más que una tecnología: es una comunidad global de innovadores, desarrolladores y pensadores que están moldeando el futuro de las finanzas, la gobernanza y más allá. Exploramos los desafíos éticos, las dificultades regulatorias y las promesas de empoderamiento que esta revolución conlleva.

A lo largo de estas páginas, nos sumergimos en las complejidades de una tecnología en constante evolución, examinando su impacto en la economía global, su potencial para moldear nuestras sociedades y su papel en la transformación de numerosos sectores.

Este libro es un viaje a través de las profundidades de la cadena de bloques, donde cada capítulo es una ventana abierta a un mundo en constante cambio, donde la innovación y la colaboración están dando forma a un futuro prometedor.

Únete a nosotros para explorar Ethereum, desde sus raíces hasta sus ramificaciones, desde sus desafíos hasta sus triunfos, y descubre cómo esta revolución tecnológica está definiendo nuestro mañana.

Somario

Introducción:

- Presentación de Ethereum como una plataforma blockchain programable.
- La historia de Ethereum: su génesis.

Capítulo 1: Fundamentos de Ethereum

- Explicación del concepto de contratos inteligentes y de la Máquina Virtual Ethereum (EVM).
- Arquitectura básica de Ethereum: blockchain, bloques y transacciones.

Capítulo 2: El Ecosistema de Ethereum

- Exploración de las principales criptomonedas basadas en Ethereum (tokens ERC-20).
- Estudios de casos profundos sobre aplicaciones y proyectos notables en Ethereum.

Capítulo 3: Contratos Inteligentes y Desarrollo en Ethereum

- Comprensión detallada de los contratos inteligentes: funcionamiento y utilidades.
- Guía práctica para desarrollar contratos inteligentes en la plataforma Ethereum.

Capítulo 4: Prueba de Participación (PoS)

- Explicación de la transición de Prueba de Trabajo (PoW) a Prueba de Participación (PoS).
- Beneficios ambientales y seguridad asociada a PoS.

Capítulo 5: Escalabilidad y Ethereum 2.0

- Desafíos de escalabilidad de Ethereum y soluciones propuestas.
- Presentación de Ethereum 2.0, el concepto de fragmentación (sharding) y las actualizaciones técnicas.

Capítulo 6: Proyectos y Aplicaciones Descentralizadas (DApps)

- Exploración de las DApps populares en la blockchain Ethereum.
- Impacto de Ethereum en el desarrollo de aplicaciones descentralizadas.

Capítulo 7: DeFi (Finanzas Descentralizadas) en Ethereum

- Presentación de los principales protocolos DeFi construidos en Ethereum.
- Análisis de oportunidades y desafíos en el sector DeFi.

Capítulo 8: Evolución Regulatoria y Legal de Ethereum

- Estado actual de las regulaciones relacionadas con Ethereum a nivel mundial.
- Implicaciones de los desarrollos regulatorios en la adopción de Ethereum.

Capítulo 9: La Comunidad Ethereum

Papel de la comunidad en el desarrollo continuo de Ethereum.

Capítulo 10: Ethereum y la Innovación Tecnológica

- Últimos desarrollos tecnológicos en Ethereum.
- Impactos potenciales en el futuro de la blockchain y las aplicaciones descentralizadas.

Capítulo 11: Análisis Económico y Evolución de Precios

Exploración del impacto económico de Ethereum y análisis de factores que afectan el precio de ETH.

Capítulo 12: Cuestiones Éticas y Sociales

Reflexión sobre las implicaciones éticas del uso de Ethereum y su impacto social.

Capítulo 13: Tendencias y Predicciones Futuras

Exploración de pronósticos y tendencias futuras para Ethereum, incluyendo posibles escenarios.

Capítulo 14: Seguridad y Vulnerabilidades de Ethereum

- Análisis detallado de vulnerabilidades de seguridad pasadas en Ethereum.
- Presentación de medidas de seguridad actuales y tendencias en la plataforma.

Capítulo 15: Avances Técnicos Avanzados

- Exploración de investigaciones en curso y desarrollos técnicos avanzados en Ethereum.
- Perspectivas sobre posibles evoluciones de los protocolos y tecnologías asociadas a Ethereum.

Capítulo 16: Economía y Ecosistema de Ethereum

- Estudio de la economía interna de Ethereum, incluyendo modelos de tarificación de transacciones, incentivos para mineros y validadores, etc.
- Análisis del impacto de Ethereum en la economía global de las criptomonedas.

Capítulo 17: Adopción, Uso y Casos de Uso Reales

- Estudio de casos de uso reales de Ethereum en diferentes sectores (finanzas, cadena de suministro, gobernanza, etc.).
- Evaluación de la adopción de Ethereum por empresas y usuarios finales.

Capítulo 18: Educación, Formación y Recursos

- Recursos para el aprendizaje y la formación sobre Ethereum: guías, tutoriales y mejores prácticas.
- Iniciativas educativas y de concientización sobre Ethereum en todo el mundo.

Capítulo 19: Resumen de Perspectivas Externas

Entrevistas o contribuciones de expertos externos ofreciendo diversas perspectivas sobre el futuro de Ethereum y la tecnología blockchain.

Capítulo 20: Perspectivas Globales y Geopolíticas

Análisis del impacto y la adopción de Ethereum en diferentes contextos geográficos y socioeconómicos en todo el mundo.

Capítulo 21: Asociaciones y Colaboración

- Colaboración con otras blockchains y protocolos reconocidos.
- Impacto de las asociaciones en el ecosistema Ethereum y la blockchain en general.

Capítulo 22: Conceptos Avanzados y Desarrollos Técnicos

- Exploración detallada de conceptos emergentes como rollups, soluciones de escalabilidad secundaria.
- Avances en privacidad y seguridad: pruebas de conocimiento cero, técnicas de privacidad.

Capítulo 23: Retrospectiva de Versiones de Ethereum

- Historia detallada de versiones anteriores de Ethereum, destacando la evolución de características y actualizaciones importantes.
- Impactos de las actualizaciones en la comunidad y la adopción de Ethereum.

Capítulo 24: Impacto Social y Ético Profundo

- Reflexiones profundas sobre el impacto social positivo y los desafíos éticos del uso de Ethereum en diferentes contextos socioeconómicos.
- Potencial de Ethereum para el empoderamiento y la reducción de desigualdades en ciertas regiones o industrias.

Capítulo 25: Adopción Internacional y Geopolítica

- Análisis profundo de la adopción de Ethereum en diversos países y regiones, resaltando obstáculos, oportunidades y diferencias culturales.
- Impacto geopolítico de la creciente adopción de la blockchain Ethereum.

Capítulo 26: Respuestas a Preguntas Avanzadas

1. Exploración detallada de cuestiones complejas sobre la gobernanza, la escalabilidad y otros desafíos técnicos de Ethereum.
2. Perspectivas sobre posibles soluciones a estas cuestiones avanzadas.

Capítulo 27: Desarrollos Actuales y Proyectos a Seguir

1. Destaca proyectos en curso, próximas actualizaciones y tendencias emergentes en el ecosistema de Ethereum.
2. Impacto potencial de estos desarrollos en el futuro de Ethereum y de la blockchain.

Conclusiones: Recapitulación de los Puntos Clave.

Introducción:

1. Presentación de Ethereum como plataforma blockchain programable.

Ethereum, a menudo descrito como la próxima ola revolucionaria después de Bitcoin, trasciende las simples nociones de criptomonedas para ofrecer mucho más: una plataforma blockchain programable. Diseñada por el visionario Vitalik Buterin y sus colaboradores, esta blockchain va más allá de la simple transacción de valor para permitir la ejecución de contratos inteligentes.

En su base, Ethereum ofrece una infraestructura descentralizada donde los usuarios pueden construir aplicaciones descentralizadas (DApps) y contratos inteligentes. Estos contratos inteligentes, en el centro de esta innovación, son fragmentos de código autónomos que se ejecutan automáticamente cuando se cumplen condiciones específicas. Pueden gestionar transacciones, acuerdos o incluso automatizar procesos complejos sin necesidad de intermediarios.

Este concepto de "Máquina Virtual Ethereum" (EVM) es el pilar de esta plataforma. La EVM es un entorno de ejecución seguro y aislado donde se despliegan y ejecutan los contratos inteligentes. Esto abre la puerta a una multitud de aplicaciones potenciales en diversos ámbitos, desde las finanzas hasta la logística, pasando por la gobernanza y más allá.

Este libro profundizará en los fundamentos de esta plataforma revolucionaria, explorando su base, su funcionamiento y su impacto en la forma en que concebimos e interactuamos con la tecnología. Examinaremos de cerca cómo Ethereum se convirtió en mucho más que una simple blockchain, sino en un lienzo dinámico donde la innovación y la creatividad redefinen los límites de lo que la tecnología blockchain puede lograr.

Acompáñanos en esta cautivadora exploración del universo programable de Ethereum, donde cada línea de código escrita abre el camino a nuevas oportunidades, da forma a industrias y amplía los horizontes de la tecnología.

2. La historia de Ethereum: su génesis

Bienvenidos al universo en constante evolución de Ethereum, una revolución tecnológica que va más allá de las simples transacciones digitales. Ethereum no es solo una criptomoneda, es una plataforma blockchain programable que redefine la forma en que concebimos y utilizamos la tecnología.

Presentación de Ethereum: una visión revolucionaria

Ethereum no es simplemente una moneda digital, es un terreno fértil para la innovación. Todo comenzó con la visión iluminada de Vitalik Buterin en 2013, cuando buscaba expandir los límites de la tecnología blockchain. ¿Su objetivo? Crear una blockchain más dinámica que Bitcoin, una plataforma capaz de mucho más que transacciones financieras. Así nació el concepto de Ethereum, una blockchain programable que ofrecía la posibilidad de crear contratos inteligentes. Vitalik compartió esta visión revolucionaria en el Libro Amarillo de Ethereum en 2014, sentando las bases de lo que se convertiría en una plataforma impulsora de la innovación en todo el mundo.

La historia de Ethereum: su génesis

En 2015, Ethereum pasó de la idea a la realidad con el lanzamiento de su primera versión, Frontier. Fue un momento decisivo, permitiendo a los desarrolladores escribir contratos inteligentes y construir aplicaciones descentralizadas (DApps). Este paso abrió las puertas a una era de programabilidad blockchain, donde cada línea de código es una oportunidad para expandir los límites de la tecnología. Los inicios no estuvieron exentos de desafíos: en 2016, el hackeo de The DAO generó profundas discusiones dentro de la comunidad Ethereum, destacando los problemas de gobernanza en un ecosistema en constante evolución.

Esta introducción marca el comienzo de una exploración profunda de Ethereum. Nos sumergimos en su historia, sus técnicas avanzadas, su impacto social y examinamos cómo esta plataforma ha evolucionado para convertirse en algo más que una simple blockchain, sino en un motor de cambio en el mundo de la tecnología.

Capítulo 1: Fundamentos de Ethereum

1. Explicación del concepto de contratos inteligentes y de la Máquina Virtual Ethereum (EVM).

Los Contratos Inteligentes: Revolución Programable

Los contratos inteligentes son el corazón latente de Ethereum, ofreciendo mucho más que simples transacciones. Imagínalos como acuerdos digitales autoejecutables. Son fragmentos de código informático autónomos almacenados en la blockchain y capaces de ejecutar automáticamente acciones cuando se cumplen ciertas condiciones predefinidas. Estos contratos permiten la automatización de procesos sin necesidad de intermediarios. Su potencial es amplio, desde la gestión de transacciones hasta la creación de acuerdos complejos en diversos ámbitos como las finanzas, la gobernanza y mucho más.

La Máquina Virtual Ethereum (EVM): El Motor de la Innovación

 La Máquina Virtual Ethereum (EVM) es el motor detrás de la ejecución de los contratos inteligentes. Ofrece un entorno de ejecución seguro, donde estos contratos pueden ser desplegados y ejecutados. Cada nodo de la red Ethereum tiene una copia de la EVM, garantizando la coherencia y confiabilidad de las ejecuciones de los contratos. La EVM también permite la interoperabilidad de los contratos inteligentes, lo que significa que pueden interactuar entre sí, abriendo la puerta a infinitos escenarios de aplicación.

El Impacto de los Contratos Inteligentes y la EVM

Los contratos inteligentes y la EVM han abierto nuevas perspectivas en cuanto a la programabilidad de la blockchain. Han revolucionado la forma en que concebimos las transacciones, los acuerdos y las aplicaciones descentralizadas. Este avance ha estimulado la innovación al permitir a los desarrolladores crear soluciones personalizadas, seguras y transparentes, transformando la manera en que las empresas, los gobiernos e incluso los individuos interactúan y hacen negocios.

2. Arquitectura base de Ethereum: blockchain, bloques y transacciones.

La Blockchain: Pilar de la Confianza

La blockchain de Ethereum es una estructura de datos descentralizada y segura que registra todas las transacciones realizadas en la red. Actúa como un libro mayor público, accesible para todos los participantes de la red. Cada bloque en la blockchain contiene un conjunto de transacciones verificadas y está criptográficamente vinculado a su predecesor, creando así una cadena inmutable de bloques. Esta transparencia e inmutabilidad son los cimientos de la confianza en el ecosistema de Ethereum.

Los Bloques: Eslabones de la Cadena

Cada bloque contiene datos sobre transacciones recientes y una referencia criptográfica al bloque anterior. Los mineros, quienes son los actores encargados de asegurar y validar las transacciones, agrupan estas transacciones en bloques, las verifican y las añaden a la blockchain. Esta estructura de bloques interconectados asegura la continuidad, la seguridad y la integridad de la blockchain de Ethereum.

Las Transacciones: Intercambios de Valor e Información

Las transacciones en Ethereum representan el intercambio de valor o información entre los usuarios de la red. Incluyen operaciones como transferencias de criptomonedas (como ETH) o la ejecución de contratos inteligentes. Cada transacción está firmada criptográficamente para garantizar su autenticidad y seguridad. Una vez validadas por los mineros, estas transacciones se vuelven irreversibles y se registran en la blockchain para una total transparencia.

La Esencia de la Tecnología

Esta arquitectura base forma la infraestructura fundamental de Ethereum, creando un ecosistema transparente, seguro y descentralizado. La blockchain, con sus bloques y transacciones, es mucho más que una simple técnica de infraestructura; encarna los principios de confianza, inmutabilidad y libertad que alimentan el potencial revolucionario de esta plataforma.

Capítulo 2: El Ecosistema de Ethereum

1. Exploración de las principales criptomonedas basadas en Ethereum (tokens ERC-20).

Los Tokens ERC-20: Fundamentos de la Diversidad

Los tokens ERC-20 son activos digitales construidos en la blockchain de Ethereum bajo un estándar específico llamado ERC-20 (Ethereum Request for Comment 20). Estos tokens fueron pioneros en la diversidad dentro del ecosistema de Ethereum, permitiendo la creación e intercambio de una amplia variedad de activos digitales, tales como tokens representativos de monedas, bienes, acciones o derechos.

Características de los Tokens ERC-20

Los tokens ERC-20 comparten características comunes: son intercambiables fácilmente, su emisión está controlada por contratos inteligentes y siguen un conjunto de reglas estandarizadas, lo que facilita su uso e interoperabilidad en diversas plataformas. Estos tokens se han convertido en un instrumento esencial para la creación de ICO (Ofertas Iniciales de Monedas) y numerosas aplicaciones descentralizadas (DApps).

Diversidad y Uso de los Tokens ERC-20

La diversidad de los tokens ERC-20 es impresionante. Algunos tokens representan proyectos innovadores, empresas emergentes o iniciativas comunitarias, mientras que otros ofrecen soluciones financieras descentralizadas o sirven como tokens de utilidad para plataformas específicas. Estos tokens se negocian en plataformas de intercambio, se utilizan como medios de pago o acceso a servicios, o se mantienen como inversiones.

Impacto en el Ecosistema

Los tokens ERC-20 han desempeñado un papel crucial en la expansión y diversificación del ecosistema de Ethereum. Han permitido que miles de proyectos obtengan fondos, innoven y ofrezcan nuevas formas de moneda y utilidad en un entorno descentralizado. Sin embargo, su proliferación también ha planteado preguntas sobre regulación, seguridad y eficiencia, presentando desafíos pero también brindando nuevas oportunidades.

2. Estudios de Casos Profundos sobre Aplicaciones y Proyectos Destacados en Ethereum.

Uniswap: Revolución en el Intercambio Descentralizado (DEX)

Uniswap, una plataforma de intercambio descentralizado (DEX), es un ejemplo destacado del poder de las DApps en Ethereum. Utilizando contratos inteligentes, Uniswap permite a cualquier persona intercambiar tokens ERC-20 sin intermediarios. Su modelo automatizado de provisión de liquidez ha abierto nuevas oportunidades de intercambio, estimulando la innovación en el campo de los intercambios descentralizados.

MakerDAO y Dai: Estabilidad en la Volatilidad

MakerDAO introdujo Dai, una stablecoin (una criptomoneda respaldada por una moneda estable como el dólar estadounidense) que opera en Ethereum. Dai ofrece estabilidad en un ecosistema a menudo caracterizado por su diversidad. Utilizando mecanismos complejos implementados en contratos inteligentes, MakerDAO creó una solución de stablecoin descentralizada, ofreciendo una alternativa única en el mundo de las criptomonedas.

Axie Infinity: Juego Blockchain y Economía NFT

Axie Infinity es un juego basado en la blockchain de Ethereum que ha cautivado a miles de jugadores debido a su innovador modelo económico. Axie Infinity utiliza tokens no fungibles (NFT) para representar criaturas de juego únicas. Los jugadores pueden poseer, criar y compartir estas criaturas, creando así una próspera economía virtual en torno al juego.

Gitcoin: Financiamiento para Proyectos de Código Abierto

Gitcoin es una plataforma que conecta a desarrolladores con proyectos de código abierto y les permite recibir financiamiento a través de mecanismos gestionados en contratos inteligentes. Utilizando la blockchain de Ethereum, Gitcoin fomenta el crecimiento y la innovación en el mundo del desarrollo de software de código abierto.

El Impacto de los Estudios de Casos

Estos estudios de casos ofrecen una visión de las infinitas posibilidades que ofrece Ethereum. Ilustran cómo la tecnología blockchain puede ser utilizada para reinventar las finanzas, crear nuevos modelos económicos, revolucionar los juegos en línea e incluso apoyar el desarrollo de software de código abierto. Estos proyectos notables son ejemplos concretos del impacto y la diversidad del ecosistema de Ethereum.

Capítulo 3: Smart Contracts y Desarrollo en Ethereum

1. Comprensión Profunda de los Smart Contracts: Funcionamiento y Utilidades.

Funcionamiento de los Smart Contracts

Los smart contracts son programas autoejecutables alojados en la blockchain de Ethereum. Están escritos en lenguajes de programación como Solidity y funcionan como contratos digitales, ejecutando acciones predefinidas cuando se cumplen ciertas condiciones. Una vez desplegados en la blockchain, estos contratos se ejecutan automáticamente y de manera inmutable, sin posibilidad de manipulación.

Utilidades de los Smart Contracts

El uso de los smart contracts es amplio y variado. Se utilizan para crear sistemas de pago automatizados, ejecutar acuerdos digitales, facilitar transacciones financieras y mucho más. Su utilidad se extiende también a las aplicaciones descentralizadas (DApps), donde sirven como base para la ejecución transparente de funciones específicas sin necesidad de intermediarios.

Ventajas y Desafíos

Las ventajas de los smart contracts residen en su inmutabilidad, transparencia y automatización. Sin embargo, no están libres de desafíos. La complejidad de la programación, los problemas de seguridad y los errores de código pueden provocar consecuencias imprevistas. Incidentes pasados, como el hackeo de The DAO, han destacado la necesidad de auditorías rigurosas y buenas prácticas de desarrollo para garantizar la fiabilidad de los smart contracts.

Impacto en el Ecosistema

Los smart contracts son el pilar sobre el que descansa gran parte de la innovación en Ethereum. Han abierto el camino a una nueva era de confianza digital, permitiendo transacciones seguras y automatizadas sin necesidad de niveles de confianza. Su potencial transformador continúa catalizando el desarrollo de nuevos modelos comerciales, reinventando sistemas financieros y fomentando soluciones descentralizadas.

2. Guía Práctica para Desarrollar Smart Contracts en la Plataforma Ethereum

Pasos Iniciales

Comprender los Fundamentos: Antes de comenzar, familiarízate con Solidity, el lenguaje de programación más utilizado para los smart contracts en Ethereum. Recursos como la documentación oficial de Ethereum, tutoriales en línea y comunidades de desarrolladores pueden ser útiles.

Entorno de Desarrollo: Configura tu entorno de desarrollo. Herramientas como Remix, Truffle o Hardhat ofrecen entornos de prueba y despliegue para escribir, probar y desplegar smart contracts.

Proceso de Desarrollo

Diseño y Planificación: Entiende los requisitos y la lógica de tu smart contract. Define sus funcionalidades, condiciones e interacciones con otros contratos o usuarios.

Escritura de Código: Comienza a escribir tu smart contract en Solidity. Sigue las mejores prácticas de codificación para garantizar la seguridad y confiabilidad del código.

Pruebas y Depuración: Prueba tu smart contract en una red de prueba (como Rinkeby o Ropsten) para verificar su funcionamiento. Realiza pruebas exhaustivas para detectar y corregir errores.

Despliegue: Una vez que tu smart contract está probado y funciona correctamente, despliégalo en la red Ethereum. Asegúrate de comprender los costos de gas asociados al despliegue.

Buenas Prácticas y Seguridad

Auditoría y Seguridad: Considera la posibilidad de auditar tu smart contract por terceros para identificar posibles vulnerabilidades.

Gestión de Claves y Autorizaciones: Protege las claves privadas utilizadas para desplegar o interactuar con los contratos. Utiliza modificadores de acceso apropiados para gestionar las autorizaciones.

Evolución y Mantenimiento

Actualizaciones: Planifica mecanismos de actualización si es necesario. Comprende el impacto de los cambios en los contratos desplegados y su compatibilidad con versiones anteriores.

Documentación: Documenta tu código exhaustivamente para facilitar la comprensión y el mantenimiento futuro.

Comunidad y Recursos

Participa en la comunidad de desarrolladores de Ethereum, únete a foros, grupos de discusión y hackathons para mantenerte al día con los últimos avances y beneficiarte de las experiencias de otros desarrolladores.

Capítulo 4: Prueba de Participación Consensuada (PoS)

1. Explicación de la Transición de Proof-of-Work (PoW) a Proof-of-Stake (PoS)

Proof-of-Work (PoW): Fundamento de la Seguridad

El Proof-of-Work es el mecanismo de consenso original utilizado por Ethereum (y también por Bitcoin). En este sistema, los mineros resuelven problemas matemáticos complejos para validar transacciones y crear nuevos bloques. Este método se basa en una gran potencia de cálculo y consume una cantidad significativa de energía.

Transición a Proof-of-Stake (PoS): Cambio de Paradigma

La transición de PoW a PoS es una evolución importante para Ethereum. El Proof-of-Stake reemplaza la competencia por la potencia de cálculo con una lógica de posesión y validación basada en la participación de activos. En lugar de requerir mineros, PoS se basa en validadores que son seleccionados para validar transacciones en función de la cantidad de ETH que apuestan como garantía.

Ventajas de Proof-of-Stake

Eficiencia Energética: PoS es considerablemente más eficiente en términos de energía en comparación con PoW, ya que no requiere cálculos intensivos.

Seguridad: Los participantes arriesgan sus activos, lo que se supone que los disuade de participar en comportamientos maliciosos.

Democratización: PoS hace que la participación en el consenso sea más accesible para más personas, debido a la potencial centralización inducida por los grandes mineros.

Ethereum 2.0 y la Transición

La transición de PoW a PoS es un componente clave de Ethereum 2.0, la próxima iteración importante de la red Ethereum. Esta actualización ambiciosa busca mejorar la escalabilidad, seguridad y eficiencia de la red. La fase de transición a PoS comenzó con el lanzamiento de Beacon Chain en diciembre de 2020, marcando el inicio de una era PoS para Ethereum.

Desafíos e Interese

Aunque PoS tiene muchas ventajas, existen desafíos por superar, como la seguridad y la resistencia a los ataques. Investigadores y desarrolladores están trabajando en estos problemas para garantizar la solidez del nuevo modelo de consenso.

2 Ventajas Ambientales y Seguridad Asociadas a PoS

Mejora de la Seguridad de PoS

Eficiencia Energética: PoS se considera más respetuoso con el medio ambiente que PoW porque no requiere una intensa potencia de cálculo. A diferencia de PoW, que utiliza grandes cantidades de electricidad para alimentar a los mineros, PoS funciona con una huella energética considerablemente reducida.

Reducción de la Huella de Carbono: Al eliminar la necesidad de grandes granjas de minería, PoS contribuye a reducir la huella de carbono asociada con la validación de transacciones y la creación de nuevos bloques en la cadena de bloques.

Seguridad Mejorada de PoS

Stake y Seguridad: En PoS, los validadores (quienes poseen y gestionan activos en criptomonedas) aseguran la red apostando sus activos. El riesgo de perder sus fondos motiva a los validadores a desempeñar un papel honesto y seguro, creando así un mecanismo de incentivo para la seguridad.

Reducción de Ataques del 51%:

A diferencia de PoW, donde una entidad que posee más del 50% del poder de cómputo podría manipular la red, PoS haría que tales ataques fueran costosos y poco prácticos. Poseer la mayoría de los activos requeriría una cantidad desproporcionada de criptomonedas, lo que sería poco rentable para un ataque.

Evolución de la Seguridad

A pesar de que PoS ofrece varias ventajas en cuanto a seguridad y eficiencia energética, es importante tener en cuenta que cada modelo de consenso tiene sus propios desafíos y vulnerabilidades. Los investigadores y desarrolladores continúan trabajando para mejorar la resistencia de PoS y mitigar cualquier riesgo potencial asociado con este nuevo mecanismo.

Capítulo 5: Escalabilidad y Ethereum 2.0

1. Retos de Escalabilidad de Ethereum y Soluciones Propuestas

Retos de Escalabilidad

Alto Tráfico en la Red: Con el auge de las aplicaciones descentralizadas (DApps), la red de Ethereum enfrenta una congestión creciente, lo que provoca retrasos en la confirmación de transacciones y altos costos de gas.

Límite en el Número de Transacciones: En su estado actual, Ethereum puede manejar un número limitado de transacciones por segundo, lo que se convierte en un obstáculo a medida que aumenta la demanda de transacciones rápidas y económicas.

Soluciones Propuestas

Ethereum 2.0: Esta actualización importante busca resolver los problemas de escalabilidad. Introduce el cambio de PoW a PoS, la introducción de sharding y la optimización de los mecanismos de consenso para mejorar el rendimiento de la red.

Sharding: Ethereum 2.0 propone una solución llamada sharding, que divide la cadena de bloques en secciones más pequeñas llamadas "shards". Cada fragmento puede procesar su propio conjunto de transacciones, distribuyendo la carga en múltiples cadenas paralelas y aumentando la capacidad de la red.

Actualizaciones Técnicas: Mejoras como la introducción de rollups (tecnologías de escalado secundarias) y otras soluciones de capa dos también se están considerando para aumentar la capacidad de procesamiento de transacciones sin comprometer la seguridad de la red.

Cambios para el Ecosistema

Mejora de la Experiencia del Usuario: Las soluciones de escalabilidad contempladas para Ethereum 2.0 buscan ofrecer una experiencia de usuario mejorada con transacciones más rápidas, costos de gas reducidos y una mayor capacidad para usar DApps.

Diversificación de Casos de Uso: Al aumentar la capacidad de la red, Ethereum 2.0 abre la puerta a nuevos casos de uso, incluidas aplicaciones que requieren transacciones a gran escala, como pagos, juegos en línea y sistemas descentralizados complejos.

Evolución Continua

La escalabilidad sigue siendo un desafío continuo para Ethereum.
A pesar de las soluciones ambiciosas propuestas por Ethereum
2.0, el desarrollo tecnológico es un proceso iterativo, y se
requerirán ajustes y mejoras continuas para mantener la
competitividad y eficiencia de la red.

2. Introducción a Ethereum 2.0, Concepto de Sharding y Actualizaciones Técnicas

Ethereum 2.0: Una Actualización Ambiciosa

Transición de PoW a PoS: Ethereum 2.0 significa una
transformación importante del protocolo de consenso,
pasando de Proof-of-Work (PoW) a Proof of Stake (PoS).
Esta evolución tiene como objetivo mejorar la eficiencia
energética, la seguridad y la escalabilidad de la red de
Ethereum.

Fases de Implementación: La implementación de
Ethereum 2.0 está dividida en fases. La fase inicial comenzó
con la Beacon Chain, introduciendo PoS y allanando el
camino para una red PoS. Las futuras fases incluyen la
introducción de sharding y otras mejoras.

Concepto de Sharding: Expansión Horizontal de la Blockchain

División en Shards: El sharding divide la blockchain de Ethereum en secciones más pequeñas llamadas "shards". Cada shard opera de manera independiente, procesando su conjunto de transacciones. Este enfoque permite a Ethereum lograr una expansión horizontal, aumentando significativamente su capacidad de procesamiento total.

Mejora de la Escalabilidad: Al distribuir las transacciones entre shards, el concepto de sharding tiene como objetivo aumentar sustancialmente el rendimiento de la red, permitiendo que Ethereum procese un número más amplio de transacciones simultáneamente.

Actualizaciones Técnicas de Ethereum 2.0

Rollups y Otras Soluciones de Capa 2: Ethereum 2.0 contempla la integración de rollups, soluciones de escalado secundarias que agregan numerosas transacciones fuera de la cadena principal, aliviando la carga en la red principal.

Optimizaciones del Protocolo: Los desarrolladores están trabajando en mejoras técnicas para hacer que la red sea más eficiente, segura y amigable para el usuario, incluyendo la mejora de los tiempos de confirmación de transacciones y, especialmente, las tarifas de gas.

Impacto de Ethereum 2.0

Mejora de la Escalabilidad: Ethereum 2.0 tiene como objetivo abordar los desafíos de escalabilidad de la red, proporcionando una infraestructura capaz de admitir grandes tarifas de transacción manteniendo costos razonables y tiempos rápidos de confirmación.

Exploración de Nuevos Casos de Uso: Al ofrecer una mejor escalabilidad, Ethereum 2.0 podría fomentar la aparición de nuevas aplicaciones y casos de uso que requieran transacciones rápidas y económicas.

Conclusión Ethereum 2.0 representa una evolución significativa en el mundo de la blockchain, buscando hacer que Ethereum sea más escalable, seguro y eficiente. Aunque la transición es gradual, las mejoras introducidas por Ethereum 2.0 tienen el potencial de transformar cómo se desarrollan y utilizan las aplicaciones descentralizadas.

Capítulo 6: Proyectos y Aplicaciones Descentralizadas (DApps)

1. Exploración de las DApps populares en la blockchain de Ethereum

Finanzas Descentralizadas (DeFi)

Uniswap: Una plataforma de intercambio descentralizada (DEX) que permite intercambios sin intermediarios.

Aave: Un protocolo de préstamo y empréstito que permite a los usuarios obtener intereses sobre sus criptomonedas depositadas.

Juegos y Entretenimiento

Decentraland: Un mundo virtual donde los usuarios pueden comprar, vender y desarrollar bienes raíces virtuales.

Axie Infinity: Un juego de colección y crianza de criaturas digitales donde los jugadores pueden ganar y comerciar con tokens.

Tokens No Fungibles (NFT)

CryptoPunks: Una colección de 10,000 punks únicos que marcaron los inicios de los NFT.

OpenSea: Una plataforma de mercado para intercambiar NFT, que ofrece una variedad de obras de arte digitales, terrenos virtuales, etc.

Gobernanza y Organizaciones Descentralizadas

MakerDAO: Un protocolo de préstamo y stablecoins, gestionado por una organización autónoma descentralizada (DAO).

DAOstack: Una plataforma de gobernanza que permite la creación y gestión de DAO personalizados.

Impacto de las DApps

Adopción en Crecimiento: Las DApps en Ethereum están ganando popularidad, atrayendo usuarios debido a su naturaleza descentralizada que ofrece una mayor transparencia y autonomía para los usuarios.

Desafíos por Superar: A pesar de su crecimiento, las DApps se enfrentan a desafíos como la experiencia del usuario, la escalabilidad y problemas con altos costos de gas.

La Innovación Continúa Las DApps en Ethereum representan solo una fracción de los posibles casos de uso de la tecnología blockchain. La innovación continúa con nuevos proyectos que buscan resolver problemas existentes y explorar nuevos campos de aplicación.

2. Impacto de Ethereum en el desarrollo de aplicaciones descentralizadas

Democratización del Desarrollo

Accesibilidad Global: Ethereum ha abierto la puerta a desarrolladores de todo el mundo para crear aplicaciones descentralizadas sin necesidad de aprobación de terceros o entidades centralizadas. Esto ha permitido que individuos y pequeñas empresas participen activamente en el desarrollo de la cadena de bloques.

Smart Contracts: Los contratos inteligentes en Ethereum han revolucionado la forma en que se programan las aplicaciones. Al eliminar la necesidad de intermediarios, Ethereum ha hecho posible la creación de contratos autónomos, ejecutados automáticamente sin necesidad de confianza mutua.

Emergencia de Nuevos Modelos Económicos

Finanzas Descentralizadas (DeFi): Ethereum ha catalizado el desarrollo de DeFi, creando protocolos de préstamos, intercambio y gestión de fondos sin necesidad de una infraestructura bancaria tradicional. Los usuarios pueden participar en servicios financieros descentralizados directamente desde sus billeteras Ethereum.

Tokens No Fungibles (NFT): La emisión de tokens no fungibles en Ethereum ha dado lugar a nuevos modelos económicos para artistas, creadores de contenido y propietarios de bienes virtuales. Los NFT permiten la autenticación de propiedad digital y la monetización de obras digitales.

Descentralización de la Gobernanza

Organizaciones Autónomas Descentralizadas (DAO): Ethereum ha facilitado el surgimiento de DAO, permitiendo a los usuarios participar en la gobernanza de proyectos de manera transparente y democrática. El DAO de MakerDAO es un ejemplo, donde los poseedores de tokens pueden votar sobre propuestas de cambio en el protocolo.

Gobernanza Abierta: La capacidad de los usuarios para influir directamente en el desarrollo y actualizaciones de los protocolos ha introducido un modelo de gobernanza abierta, alejando el control de unas pocas manos para distribuirlo a la comunidad.

Continua Evolución Tecnológica

Interoperabilidad: Ethereum ha estimulado la innovación en el campo de la interoperabilidad, permitiendo que diferentes blockchains trabajen juntas. Proyectos como Polkadot y Cosmos buscan crear un ecosistema interconectado.

Evolución hacia Ethereum 2.0: La transición a Ethereum 2.0 refleja un compromiso continuo hacia la mejora de la escalabilidad, la seguridad y la eficiencia de la red, lo que podría tener un impacto significativo en cómo se desarrollan y utilizan las DApps.

Conclusión El impacto de Ethereum en el desarrollo de aplicaciones descentralizadas ha sido monumental, marcando una nueva era de posibilidades e innovaciones en el mundo de la cadena de bloques. A medida que la tecnología continúa evolucionando, el ecosistema de Ethereum sigue siendo el corazón de la revolución descentralizada.

Capítulo 7: Finanzas Descentralizadas (DeFi) en Ethereum

1. Presentación de los principales protocolos DeFi construidos en Ethereum

Protocolos de Préstamo

Compound Finance: Una plataforma de préstamos y préstamos automatizados que permite a los usuarios depositar activos y pedir prestado contra esos depósitos.

Aave: Un protocolo de préstamo y préstamo que permite a los usuarios depositar activos en un pool de liquidez y pedir prestado contra esos depósitos utilizando otros activos como garantía.

Dex (Intercambios Descentralizados)

Uniswap: Un protocolo de intercambio automatizado (AMM) que permite intercambios de tokens sin órdenes de compra o venta tradicionales.

SushiSwap: Una derivación de Uniswap con características de incentivo de liquidez y gobernanza descentralizada.

Stablecoins

MakerDAO: Protocolo que emite la stablecoin DAI utilizando criptomonedas Ethereum como garantía.

USD Coin (USDC): Una stablecoin respaldada por el dólar estadounidense y emitida por un consorcio que incluye Circle y Coinbase.

Sintéticos

Synthetix: Permite la creación de tokens sintéticos que representan el valor de otros activos, como monedas, acciones o materias primas.

Impacto del DeFi en las Finanzas Tradicionales

Accesibilidad Financiera: Los protocolos DeFi ofrecen una alternativa a las finanzas tradicionales al permitir que cualquier persona con conexión a Internet acceda a servicios financieros.

Innovación en Modelos Económicos: Los protocolos DeFi introducen nuevos modelos económicos, como el suministro de liquidez y el rendimiento agrícola, ofreciendo a los usuarios oportunidades de ganancias basadas en la participación en la red.

Desafíos y Perspectivas

Seguridad: A pesar de su creciente popularidad, los protocolos DeFi enfrentan desafíos de seguridad, errores y riesgos inherentes a la naturaleza descentralizada.

Evolución y Regulación: El rápido desarrollo de DeFi plantea preguntas sobre regulación y cumplimiento, lo que podría influir en su crecimiento futuro y estructura.

Conclusión El DeFi en Ethereum ha abierto nuevas fronteras para las finanzas, introduciendo conceptos revolucionarios de servicios financieros accesibles para todos. A medida que DeFi continúa creciendo, sus desafíos y oportunidades están moldeando el paisaje financiero del mañana.

2. Análisis de oportunidades y desafíos en el sector DeFi.

Oportunidades en DeFi

Accesibilidad Financiera: DeFi elimina las barreras tradicionales al ofrecer servicios financieros a cualquier persona con conexión a Internet, permitiendo la inclusión financiera para las poblaciones no bancarizadas.

Altos Rendimientos Potenciales: Los protocolos DeFi ofrecen oportunidades de rendimiento atractivo a través de mecanismos como el rendimiento agrícola y la provisión de liquidez, atrayendo a numerosos inversores.

Innovación en Modelos Económicos: Los protocolos DeFi fomentan la innovación al permitir la emergencia de nuevos modelos económicos y mecanismos de gobernanza descentralizada.

Desafíos en DeFi

Seguridad y Riesgos: La naturaleza descentralizada expone a los protocolos DeFi a riesgos de seguridad como errores en el código de contratos inteligentes, ataques de préstamos flash y vulnerabilidades en las plataformas.

Escalabilidad y Costos: Las altas tarifas de transacción y la congestión en la red Ethereum plantean desafíos de costos para los usuarios y limitan la escalabilidad de los protocolos DeFi.

Regulación y Conformidad: La rápida aparición de DeFi plantea preguntas regulatorias al operar en un marco regulatorio poco definido, lo que podría limitar su adopción a gran escala.

Evolución Futura y Perspectivas

Mejora de la Seguridad: Los protocolos DeFi trabajan en mejorar su seguridad mediante auditorías de código, adoptando mejores prácticas de seguridad y explorando soluciones para minimizar riesgos.

Escalabilidad e Interoperabilidad: Los desafíos de escalabilidad se abordan mediante la exploración de soluciones de capa dos y la interoperabilidad con otras blockchains para reducir la congestión en la red Ethereum.

Educación y Adopción: Un mayor conocimiento, una mejor educación de los usuarios y una experiencia de usuario mejorada podrían contribuir a una adopción más amplia de DeFi.

Conclusión El sector DeFi ofrece oportunidades innovadoras, pero enfrenta desafíos significativos en seguridad, regulación y escalabilidad. Su evolución futura dependerá de cómo aborde estos desafíos y aproveche sus oportunidades para crear un ecosistema financiero más sólido e inclusivo.

Capítulo 8: La Evolución Regulatoria y Legal de Ethereum

1. Estado actual de las regulaciones de Ethereum a nivel mundial.

Enfoques Regulatorios Variables

Estados Unidos: Las regulaciones sobre criptomonedas y tokens varían en Estados Unidos entre agencias. La SEC (Comisión de Valores y Bolsa) considera algunos tokens como valores, mientras que la CFTC (Comisión de Comercio de Futuros de Commodities) los clasifica como materias primas.

Europa: La Unión Europea tiene un enfoque más matizado, trabajando en una regulación más armonizada y clara para los criptoactivos a través de la regulación MiCA (Mercados en Criptoactivos).

Asia: Las regulaciones asiáticas también varían. Japón ha legalizado las criptomonedas como medio de pago, mientras que China ha impuesto restricciones severas, prohibiendo algunas actividades relacionadas con las criptomonedas.

Desafíos Regulatorios Actuales

Clasificación: La clasificación de tokens, especialmente los emitidos a través de Ofertas Iniciales de Monedas (ICO), sigue siendo ambigua en muchas jurisdicciones, lo que crea incertidumbre sobre su estatus legal.

Seguridad Jurídica: La falta de un marco regulatorio claro puede disuadir a las empresas de involucrarse completamente en proyectos blockchain y criptomonedas, lo que afecta la innovación.

Evolución Anticipada

Adaptación Regulatoria: Los gobiernos y reguladores están trabajando para comprender mejor y regular el espacio cripto para proteger a los inversores y fomentar la innovación.

Convergencia Internacional: Hay una tendencia hacia una convergencia regulatoria internacional para armonizar estándares y facilitar transacciones transfronterizas en el ecosistema cripto.

Impacto en la Adopción de Ethereum

Certeza Legal: Regulaciones claras y bien definidas pueden fortalecer la confianza de las empresas e inversores en Ethereum, promoviendo su adopción en sectores tradicionales.

Desafíos de Cumplimiento: Las empresas que operan en Ethereum deben adaptarse a regulaciones cambiantes, lo que puede resultar en costos adicionales y desafíos de cumplimiento.

Conclusión La evolución regulatoria mundial tiene un impacto significativo en la adopción y desarrollo de Ethereum. A medida que las regulaciones se vuelven más precisas, es crucial para Ethereum navegar en estos cambios para asegurar su legitimidad y relevancia a largo plazo.

2. Implicaciones de los desarrollos regulatorios en la adopción de Ethereum.

Confianza y Legitimidad

Impacto Positivo: Regulaciones claras y favorables pueden fortalecer la confianza de las empresas y los inversores en Ethereum, otorgándole legitimidad institucional.

Adopción Aumentada: Una regulación bien definida puede impulsar la adopción de Ethereum por parte de empresas tradicionales que buscan un marco legal estable para involucrarse en aplicaciones blockchain.

Reducción de la Incertidumbre

Catalizador para la Inversión: Regulaciones claras pueden alentar las inversiones institucionales al eliminar parte de la incertidumbre legal asociada con los criptoactivos, facilitando la entrada de capital al ecosistema de Ethereum.

Expansión de Casos de Uso: Una regulación clara puede abrir nuevas posibilidades de uso para Ethereum en sectores como finanzas, cadena de suministro y gobernanza, fomentando asociaciones con empresas tradicionales.

Desafíos de Cumplimiento y Adaptación

Costos de Cumplimiento: Los requisitos regulatorios pueden añadir costos y complejidad operativa para empresas que construyen soluciones en Ethereum, especialmente para startups y pequeñas empresas.

Necesidad de Adaptación: Los actores del ecosistema Ethereum deben mantenerse ágiles para adaptarse a cambios regulatorios, lo que puede requerir ajustes regulares en procesos y prácticas.

Innovación y Colaboración

Emergencia de Estándares: Las regulaciones pueden incentivar la creación de estándares y buenas prácticas en el ecosistema

Ethereum, promoviendo entornos más seguros y estables para usuarios e inversores.

Colaboración con Reguladores: La cooperación entre actores de la industria y reguladores puede llevar a regulaciones más adaptadas y una mejor comprensión mutua de los desafíos y oportunidades asociados con Ethereum.

Conclusión

Los desarrollos regulatorios tienen un impacto significativo en la adopción de Ethereum. Mientras que una regulación clara puede fomentar la confianza y la adopción, también presenta desafíos de cumplimiento y adaptación para los actores del ecosistema. El equilibrio entre la innovación, el cumplimiento y la colaboración con los reguladores sigue siendo esencial para la evolución futura de Ethereum en un entorno regulatorio en constante cambio.

Capítulo 9: La Comunidad de Ethereum

Papel de la comunidad en el desarrollo continuo de Ethereum.

Innovación y Contribuciones

Desarrollo Técnico: La comunidad de Ethereum, compuesta por desarrolladores, investigadores y contribuyentes, desempeña un papel crucial en la evolución del protocolo. Las Propuestas de Mejora (EIP) y los desarrollos a menudo son el resultado de contribuciones de la comunidad.

Educación y Concientización: Los miembros de la comunidad participan activamente en la educación y la concientización, difundiendo conocimientos sobre Ethereum a través de foros, encuentros, blogs y redes sociales.

Gobernanza y Participación

Gobernanza Descentralizada: La gobernanza de Ethereum se basa en gran medida en la participación de la comunidad. Los poseedores de ETH participan en votos y propuestas para dar forma a las direcciones y actualizaciones de la red.

Foros y Debates: Foros en línea como Reddit, Discord y plataformas dedicadas permiten a la comunidad debatir y discutir temas técnicos, mejoras futuras y desafíos que enfrenta Ethereum.

Apoyo y Ecosistema Diversificado

Apoyo y Asistencia: La comunidad brinda un valioso apoyo a los recién llegados, ofreciendo ayuda y recursos para programación, desarrollo de contratos inteligentes y comprensión de los principios fundamentales de Ethereum.

Diversidad de Contribuciones: La comunidad Ethereum es diversa, con contribuyentes de diferentes industrias, lo que aporta perspectivas variadas y casos de uso específicos para la expansión continua de la cadena de bloques.

Impacto Social y Cultural

Creación de Cultura: La comunidad contribuye a formar una cultura en torno a Ethereum, compartiendo valores como descentralización, transparencia e innovación abierta.

Compromiso Social: Las iniciativas de la comunidad buscan utilizar Ethereum para casos de uso socialmente beneficiosos, como la gobernanza descentralizada, la financiación participativa y el impacto ambiental.

Conclusión La comunidad de Ethereum es el pilar fundamental que respalda el desarrollo, la adopción y la evolución de la cadena de bloques. Su compromiso, sus contribuciones diversas y su espíritu innovador contribuyen a dar forma a un ecosistema dinámico y en constante evolución.

Capítulo 10: Ethereum y la Innovación Tecnológica

1. Los últimos desarrollos tecnológicos en Ethereum.

Uno de los desarrollos más esperados es la transición a Ethereum 2.0, también conocido como Serenity. Este cambio marca un importante movimiento desde Proof-of-Work (PoW) hacia Proof-of-Stake (PoS), ofreciendo una mayor escalabilidad, menor consumo energético y una mejor seguridad para la red. Los avances significativos en Ethereum 2.0 incluyen:

Beacon Chain: El lanzamiento de Beacon Chain introdujo PoS en Ethereum, estableciendo las bases para la escalabilidad y el aumento de seguridad en Ethereum 2.0.

Sharding: Este concepto divide la cadena de bloques Ethereum en segmentos más pequeños (shards), permitiendo el procesamiento paralelo de transacciones y mejorando la capacidad de procesamiento de la red.

Rollups y Optimistic Rollups: Estas soluciones de escalado secundarias permiten realizar numerosas transacciones fuera de la cadena principal, aliviando la congestión y las tarifas de transacción.

Mejoras en Layer 1 y Layer 2 Además de Ethereum 2.0, se están realizando mejoras en Layer 1 y Layer 2 de la red:

EIPs (Propuestas de Mejora de Ethereum): Estas propuestas buscan mejorar la base de Ethereum, introduciendo nuevas características, mejoras de rendimiento y actualizaciones de protocolo.

Expansión de Soluciones Layer 2: Soluciones como rollups, sidechains y statechannels continúan evolucionando para ofrecer alternativas a la congestión en la red principal.

Avances en Privacidad y Seguridad También se están realizando esfuerzos para fortalecer la privacidad y la seguridad en Ethereum:

ZK-Rollups y ZK-Snarks: Las pruebas de conocimiento cero (Zero-Knowledge) se están utilizando cada vez más para garantizar la privacidad de las transacciones sin comprometer la seguridad.

Mejoras de Seguridad: Auditorías de seguridad, protocolos de detección de vulnerabilidades y actualizaciones constantes buscan fortalecer la resistencia de Ethereum ante posibles amenazas.

Estos avances demuestran el compromiso continuo de la comunidad Ethereum para mejorar la plataforma, abordar desafíos tecnológicos y crear un ecosistema blockchain más sólido, escalable y seguro. Estas evoluciones son cruciales para respaldar el crecimiento y la adopción generalizada de Ethereum en los próximos años.

2. Impactos potenciales en el futuro de la cadena de bloques y las aplicaciones descentralizadas.

Escalabilidad y Adopción Generalizada

Los avances centrados en la escalabilidad de Ethereum, especialmente con Ethereum 2.0 y las soluciones de escalado secundarias, podrían resolver los problemas de congestión y altos costos de transacción. Esto abriría el camino a una adopción masiva de las DApps y una variedad de casos de uso.

Diversificación de casos de uso

La capacidad acumulada y las mejoras en el rendimiento de
Ethereum podrían diversificar los casos de uso de las DApps más
allá de las aplicaciones financieras. Podríamos ver aplicaciones
en la gestión de identidades, áreas de salud, logística e incluso en
gobernanza.

Reducción de Barreras de Entrada para Desarrolladores

Las mejoras en la tecnología de Ethereum hacen que el
desarrollo de DApps sea más accesible para los desarrolladores,
atrayendo nuevos talentos y estimulando la innovación. Esto
podría resultar en un aumento exponencial en el número y la
variedad de aplicaciones construidas en Ethereum.

Descentralización y Nuevos Modelos Económicos

Un Ethereum más avanzado y seguro podría ayudar a fortalecer
la descentralización de la web, creando así nuevos modelos
económicos basados en la confianza y la autonomía de los
usuarios.

Adopción Institucional

Si Ethereum logra resolver sus problemas de escalabilidad
manteniendo una seguridad sólida, podría allanar el camino para
una adopción institucional más amplia. Las empresas podrían
recurrir a Ethereum para casos de uso específicos o para crear
soluciones blockchain personalizadas.

En resumen, los avances tecnológicos de Ethereum no se limitan a su propio ecosistema; tienen el potencial de remodelar toda la cadena de bloques y estimular la adopción de aplicaciones descentralizadas a escala global. Estos desarrollos representan un paso crucial hacia la realización de la visión de un internet más abierto, transparente y equitativo gracias a la cadena de bloques.

Capítulo 11: Análisis Económico y Evolución de los Precios

Exploración del impacto económico de Ethereum y análisis de los factores que influyen en el precio de ETH.

Ecosistema Económico de Ethereum

La economía interna de Ethereum se nutre de diversos actores: mineros, desarrolladores de DApps, usuarios finales e inversores. Analizar cómo interactúan estas partes, cómo se distribuyen los incentivos y cómo funcionan las tarifas de transacción ofrece una visión del funcionamiento interno de la economía de Ethereum.

Modelos de Tarifas de Transacción

Las tarifas de transacción en Ethereum varían según la demanda en la red. Esta variación se ve influenciada por factores como la congestión de la red, las tarifas de gas y mejoras que buscan mejorar la escalabilidad. Comprender estos mecanismos de fijación de precios es crucial para anticipar el uso futuro de la red.

Análisis de los Factores que Influyen en el Precio de ETH

Adopción y Uso

El crecimiento en la adopción de aplicaciones descentralizadas y protocolos DeFi en Ethereum tiene un impacto directo en la demanda de ETH. El aumento en el uso de DApps suele estimular la demanda de ETH para las tarifas de transacción y las interacciones con estas aplicaciones.

Evolución Tecnológica y Actualizaciones

Los avances tecnológicos, como la transición a Ethereum 2.0, pueden influir en el precio de ETH al cambiar la percepción de los inversores sobre la capacidad futura de la red para manejar la demanda y resolver problemas de escalabilidad.

Sentimiento del Mercado y Factores Externos

El precio de ETH también se ve influenciado por el sentimiento del mercado, noticias relacionadas con blockchain y criptomonedas en general, así como por políticas regulatorias y eventos económicos globales.

Perspectivas sobre la Evolución Económica de Ethereum

El análisis de la economía de Ethereum y los factores que afectan el precio de ETH ayuda a comprender mejor la dinámica financiera detrás de la plataforma. Esta comprensión es esencial para inversores, desarrolladores y cualquier persona que busque participar en el ecosistema de Ethereum.

Capítulo 12: Cuestiones Éticas y Sociales

Reflexión sobre las implicaciones éticas del uso de Ethereum y su impacto social.

Reflexión sobre las Implicaciones Éticas

Descentralización y Democratización

Ethereum tiene como objetivo crear un ecosistema descentralizado. Sin embargo, esto plantea preguntas sobre la distribución del poder y la gobernanza. ¿Quién tiene el control? ¿Cómo garantizar una verdadera democratización de la plataforma sin provocar concentraciones de poder?

Privacidad y Transparencia

Por un lado, la cadena de bloques ofrece una transparencia sin precedentes. Por otro lado, puede afectar la privacidad de los usuarios. ¿Cómo equilibra Ethereum estos dos aspectos para garantizar tanto la transparencia como la privacidad de los datos?

Impacto Social de Ethereum

Inclusión Financiera y Accesibilidad Ethereum abre puertas a la inclusión financiera para las poblaciones no bancarizadas. Sin embargo, el acceso a la tecnología sigue siendo un desafío para muchas comunidades. ¿Cómo puede Ethereum contribuir a reducir estas disparidades?

Sostenibilidad Ambiental
La prueba de trabajo (PoW) utilizada por Ethereum, aunque transicional hacia la prueba de participación (PoS), tiene implicaciones ambientales. ¿Cómo puede Ethereum alcanzar objetivos ambientales mientras continúa innovando?

Ética en las Aplicaciones Descentralizadas (DApps)

Responsabilidad de los Desarrolladores
Las DApps construidas en Ethereum pueden usarse para diversos fines. ¿Cómo aseguran los desarrolladores la responsabilidad ética de sus aplicaciones, considerando las posibles consecuencias sociales?

Gobernanza y Toma de Decisiones
La gobernanza de las DApps y los protocolos en Ethereum plantea preguntas sobre la toma de decisiones colectiva. ¿Cómo garantizar una gobernanza democrática y ética dentro de estas aplicaciones descentralizadas?

Capítulo 13: Tendencias y Predicciones Futuras

Exploración de las previsiones y tendencias futuras para Ethereum, incluyendo posibles escenarios.

Comprender las tendencias emergentes y contemplar los escenarios futuros para Ethereum es esencial para entender la evolución potencial de esta plataforma blockchain importante. Este capítulo explora las previsiones y tendencias posibles para Ethereum.

Tendencias Emergentes

Expansión de los Casos de Uso
Se espera que Ethereum continúe diversificando sus casos de uso más allá de las finanzas descentralizadas (DeFi). Áreas como la salud, la gobernanza, la logística y la propiedad intelectual podrían convertirse en campos de expansión para las DApps en Ethereum.

Creciente Adopción Institucional
La adopción institucional de Ethereum podría acelerarse a medida que la tecnología evoluciona hacia una mejor escalabilidad con Ethereum 2.0. Las empresas podrían mostrar más interés en soluciones blockchain personalizadas basadas en Ethereum.

Evolución de la Gobernanza

Los modelos de gobernanza en el ecosistema de Ethereum podrían evolucionar hacia estructuras más complejas y descentralizadas para satisfacer mejor las necesidades de la comunidad y garantizar una toma de decisiones más equitativa.

Escenarios Posibles

Consolidación del Ecosistema

Un escenario plausible sería la consolidación del ecosistema de Ethereum, con una integración más estrecha de las diferentes aplicaciones y protocolos, favoreciendo una mayor interoperabilidad y sinergia entre los proyectos.

Competencia y Cooperación con Otras Blockchains

La competencia entre diferentes blockchains podría intensificarse, pero también podrían aumentar las asociaciones y colaboraciones, fortaleciendo la interoperabilidad entre los ecosistemas blockchain.

Transición hacia una Adopción Masiva

Si Ethereum supera sus desafíos técnicos y regulatorios, una adopción más amplia por parte del público en general podría convertirse en una realidad. Aplicaciones amigables y casos de uso tangibles podrían conducir a una adopción masiva.

Perspectivas y Predicciones

El futuro de Ethereum está lleno de potencial y desafíos. Las perspectivas incluyen un crecimiento continuo, innovaciones tecnológicas y una revolución en la forma en que se realizan las transacciones e interacciones en línea.

En resumen, las tendencias futuras para Ethereum apuntan hacia una diversificación de los casos de uso, una adopción institucional creciente y modelos de gobernanza en evolución. Los posibles escenarios incluyen la consolidación del ecosistema, interacciones más estrechas con otras blockchains y una eventual adopción masiva por parte del público en general. Estas perspectivas dibujan un futuro dinámico para Ethereum en el ecosistema blockchain global.

Capítulo 14: Seguridad y Vulnerabilidades en Ethereum

1. Análisis Profundo de Fallas de Seguridad Pasadas en Ethereum

La seguridad es un aspecto crítico para cualquier plataforma blockchain, y Ethereum no es una excepción. Este capítulo se enfoca en un análisis exhaustivo de las fallas de seguridad pasadas en Ethereum y las lecciones aprendidas de estas vulnerabilidades.

Análisis de Fallas de Seguridad Pasadas en Ethereum

Ataques a Contratos Inteligentes
Algunas de las fallas de seguridad más conocidas en Ethereum han estado relacionadas con contratos inteligentes. Por ejemplo, el famoso incidente del contrato DAO en 2016 provocó una división en la comunidad y requirió intervención por parte de los desarrolladores.

Vulnerabilidades en Protocolos y Actualizaciones
Se han descubierto vulnerabilidades en los protocolos subyacentes de Ethereum. Actualizaciones implementadas incorrectamente o errores en el código a veces han creado fallos de seguridad.

Ataques a Usuarios y Aplicaciones

Los usuarios y las aplicaciones construidas en Ethereum también pueden ser objetivos de ataques. Se han reportado estafas, robos de billeteras y ataques de phishing.

Lecciones Aprendidas y Medidas de Seguridad Actuales

Mejoras en el Proceso de Desarrollo

Los desarrolladores de Ethereum han fortalecido sus prácticas de desarrollo, realizando auditorías de seguridad más exhaustivas y estableciendo procesos más estrictos para implementar actualizaciones.

Fortalecimiento de Protocolos y Normas de Seguridad

Se han establecido iniciativas como guías de buenas prácticas de desarrollo, marcos de seguridad y estándares de codificación para fortalecer la seguridad de contratos inteligentes y aplicaciones.

Concienciación y Educación

La concienciación sobre seguridad se ha convertido en una prioridad. Se han creado campañas de concienciación y recursos educativos para informar a los usuarios sobre buenas prácticas de seguridad.

Perspectivas sobre la Seguridad de Ethereum

Las fallas de seguridad pasadas han sido momentos de aprendizaje para Ethereum. A pesar de las mejoras significativas, la seguridad sigue siendo un desafío constante, requiriendo vigilancia continua y adaptación a nuevas amenazas.

En resumen, el análisis de fallas de seguridad pasadas en Ethereum ha llevado a mejoras en las prácticas de desarrollo, fortalecimiento de protocolos y una mayor concienciación sobre seguridad. Estos esfuerzos siguen buscando reforzar la seguridad de Ethereum y prevenir futuras vulnerabilidades, asegurando la confianza de usuarios y desarrolladores en el ecosistema blockchain.

2 Presentación de las medidas de seguridad actuales y las tendencias en la plataforma.

Medidas de Seguridad Actuales

Mejoras en los Protocolos

Ethereum ha realizado importantes actualizaciones para fortalecer la seguridad. Cambios dentro de Ethereum 2.0, como el cambio a la Prueba de Participación (PoS), buscan mejorar la seguridad y la eficiencia energética de la red.

Auditorías de Seguridad y Verificaciones

Las auditorías de seguridad se han convertido en una norma para los proyectos en Ethereum. Los equipos de desarrollo recurren a auditores externos especializados para identificar y resolver posibles vulnerabilidades antes de implementar contratos inteligentes y actualizaciones.

Normas y Buenas Prácticas

Establecer normas de seguridad y buenas prácticas de desarrollo es crucial. Organizaciones como la Fundación Ethereum y grupos de desarrollo comunitarios han creado guías y recomendaciones para fortalecer la seguridad de los proyectos en Ethereum.

Tendencias en Seguridad en la Plataforma

Evolución de Amenazas
Los ataques están en constante evolución. Formas más sofisticadas de ataques, como exploits en contratos inteligentes, ataques de reentrancia o front running, están emergiendo, lo que requiere vigilancia y protección constantes.

Tecnologías Emergentes en Seguridad
La adopción de tecnologías como las pruebas de conocimiento cero (Zero-Knowledge Proofs) y soluciones de privacidad avanzadas contribuye a reforzar la seguridad de las transacciones y proteger la privacidad de los usuarios en la cadena de bloques.

Enfoque en Educación y Concienciación
La comunidad de Ethereum enfatiza la educación continua en seguridad. Las iniciativas para educar a desarrolladores, usuarios y partes interesadas sobre las prácticas de seguridad siguen siendo una prioridad.

Perspectivas Futuras en Seguridad

La seguridad en Ethereum está en constante evolución para enfrentar desafíos en aumento. El progreso tecnológico, normas más fuertes y una mejor colaboración comunitaria están preparando a Ethereum para afrontar los desafíos futuros de seguridad.

En resumen, las medidas de seguridad actuales en Ethereum involucran mejoras en los protocolos, auditorías regulares, establecimiento de estándares y una atención especial a las amenazas emergentes. Las tendencias en seguridad muestran una adaptación constante para enfrentar nuevas amenazas, centrándose en la adopción de tecnologías emergentes y en la educación continua para fortalecer la seguridad de la plataforma Ethereum.

Capítulo 15: Avance Técnico en Ethereum

1. Exploración de las investigaciones en curso y los desarrollos técnicos avanzados en Ethereum.

Investigaciones en Curso en Ethereum

Ethereum 2.0 y la Implementación de PoS
Las investigaciones se centran en completar Ethereum 2.0, que marca la transición a la Prueba de Participación (PoS). Se están estudiando aspectos como la finalidad, la seguridad y la eficiencia del mecanismo de consenso PoS.

Sharding y Escalabilidad
El sharding es el foco de la investigación para mejorar la escalabilidad de Ethereum. Los estudios se centran en métodos para distribuir eficazmente la carga de la red y permitir el procesamiento paralelo de transacciones.

Mejoras en la Confidencialidad
Las investigaciones exploran soluciones para fortalecer la confidencialidad en Ethereum. Se están investigando avances en pruebas de conocimiento cero, técnicas de mezcla de transacciones y capas de confidencialidad para mejorar la protección de datos.

Desarrollos Técnicos Avanzados

Rollups y Rollups Optimistas
Los rollups son soluciones de escalabilidad secundarias
prometedoras. Las investigaciones se centran en optimizar estos
mecanismos para permitir transacciones más rápidas y
económicas en la cadena de bloques de Ethereum.

Evolución de los Contratos Inteligentes
Las investigaciones tienen como objetivo mejorar los contratos
inteligentes introduciendo estándares más avanzados, funciones
de programación más complejas y una mayor interoperabilidad
con otras plataformas.

Enfoque en la Interoperabilidad y Adaptabilidad
Se están realizando trabajos para hacer que Ethereum sea más
compatible con otras blockchains, permitiendo así un
intercambio y una interoperabilidad más fluidos entre los
diferentes ecosistemas.

Perspectivas Futuras de los Desarrollos

Las investigaciones en curso y los desarrollos técnicos avanzados
ofrecen una visión prometedora del futuro de Ethereum. El
énfasis en la escalabilidad, la confidencialidad y la
interoperabilidad sugiere un potencial continuo de innovación en
el ecosistema de Ethereum.

En resumen, las investigaciones en curso y los desarrollos técnicos avanzados en Ethereum se centran en Ethereum 2.0, el sharding, la mejora de la confidencialidad, los rollups, la evolución de los contratos inteligentes y la interoperabilidad. Estos avances allanan el camino hacia un Ethereum más avanzado, capaz de enfrentar desafíos tecnológicos y estimular la innovación en el universo de la cadena de bloques.

2   Perspectivas sobre las posibles evoluciones de los protocolos y tecnologías asociadas a Ethereum.

Perspectivas sobre las Posibles Evoluciones de los Protocolos y Tecnologías Asociadas a Ethereum

Evoluciones en los Protocolos de Consenso
Las perspectivas futuras consideran mejoras continuas en los protocolos de consenso. La transición de la Prueba de Trabajo (PoW) a la Prueba de Participación (PoS) con Ethereum 2.0 podría marcar el comienzo de nuevas innovaciones para mejorar la seguridad, la eficiencia y la sostenibilidad ambiental.

Escalabilidad y Sharding
Los desarrollos futuros se centrarán en una mayor escalabilidad a través de la exitosa implementación del sharding. Las perspectivas contemplan soluciones que mejorarán la capacidad de la red para procesar más transacciones simultáneamente, abordando los cuellos de botella actuales.

Enfoques Mejorados de Confidencialidad
Las futuras evoluciones tecnológicas podrían fortalecer la
confidencialidad en Ethereum. Avances en mecanismos de
confidencialidad como las Pruebas de Conocimiento Cero y
técnicas de mezcla de transacciones podrían ofrecer opciones
más sólidas para proteger la privacidad de los usuarios.

Interoperabilidad con Otras Blockchains
El futuro podría ver a Ethereum desarrollar estándares y
protocolos para una mayor interoperabilidad con otras
blockchains. Esto facilitaría el intercambio de datos y valores
entre diferentes plataformas, estimulando así el ecosistema
blockchain en su conjunto.

Evolución de las Normas de Contratos Inteligentes
Las perspectivas contemplan mejoras continuas en los
estándares de contratos inteligentes en Ethereum. Estos avances
podrían incluir lenguajes de programación más avanzados,
funcionalidades más ricas y normas más robustas para una
mayor seguridad e interoperabilidad.

Desafíos a Superar

Las futuras evoluciones de Ethereum no estarán exentas de
desafíos. Resolver problemas como la gobernanza, la seguridad,
la adopción y la regulación sigue siendo crucial para garantizar
una transición sin problemas hacia protocolos y tecnologías más
avanzados.

Conclusión

Las perspectivas futuras para las evoluciones de los protocolos y tecnologías asociadas a Ethereum son prometedoras. Las tecnologías avanzadas, la interoperabilidad acumulada y las mejoras de las funcionalidades están en el centro de los desarrollos previstos para mantener a Ethereum como líder en innovación en el ecosistema blockchain.

Capítulo 16: Economía y Ecosistema de Ethereum

1. **Estudio de la economía interna de Ethereum, incluyendo modelos de fijación de precios de transacciones, incentivos para mineros y validadores, entre otros.**

Estudio de la Economía Interna de Ethereum

Modelos de Fijación de Precios de Transacciones La economía de Ethereum se basa en un sistema de fijación de precios de transacciones basado en el concepto de "gas". El "gas" representa el costo de realizar operaciones en la red. Comprender cómo se calcula y optimiza el "gas" según la demanda permite comprender la dinámica de los costos de transacción.

Incentivos para Mineros y Validadores Los mineros en Ethereum, con el actual sistema de Prueba de Trabajo (PoW) y la futura transición hacia la Prueba de Participación (PoS), son incentivados para asegurar la red validando transacciones. Los validadores PoS son recompensados por bloquear fondos como garantía para participar en el consenso, contribuyendo a la seguridad de la red.

Mecanismos de Inflación y Deflación Comprender la política monetaria de Ethereum es crucial. Actualmente, Ethereum tiene un suministro de ETH ilimitado, aunque se están considerando propuestas para reducir la inflación. La transición a PoS también busca introducir cierta deflación para mantener el valor del ETH.

Impacto de las Tarifas de Transacción en el Uso de la Red Las tarifas de transacción fluctuantes afectan el uso de Ethereum. Pueden influir en la viabilidad de las DApps, la rapidez de las transacciones y la experiencia global del usuario en la plataforma.

Dinámicas de Oferta y Demanda

Creciente Uso y Adopción El aumento en el uso de DApps y protocolos DeFi impulsa la demanda de transacciones en Ethereum, impactando las tarifas de transacción y la capacidad de la red.

Factores Influyentes en la Demanda Eventos como el lanzamiento de nuevos proyectos, actualizaciones de la red, noticias relacionadas con blockchain y tendencias del mercado de criptomonedas influyen en la demanda de Ethereum.

Consecuencias Económicas en el Ecosistema

Equilibrio entre Costo y Utilidad La fijación de precios de las transacciones y la distribución de incentivos impactan la participación de usuarios y actores de la red. Un equilibrio entre el costo y la utilidad de las transacciones es esencial para mantener un ecosistema saludable.

Adecuación de Mecanismos de Incentivo Los incentivos para mineros y validadores deben estar equilibrados para garantizar la seguridad y eficiencia de la red, asegurando al mismo tiempo una rentabilidad suficiente para mantener su compromiso.

2. **Análisis del impacto de Ethereum en la economía global de las criptomonedas.**

Capitalización de Mercado e Influencia en el Mercado Ethereum es una de las principales criptomonedas en términos de capitalización de mercado, desempeñando un papel significativo en la dinámica del mercado de criptomonedas. Sus movimientos de precios, actualizaciones y adopción a menudo tienen un impacto directo en el mercado global.

Estímulo a la Innovación en el Ecosistema Blockchain
Ethereum ha sido un catalizador importante para la
innovación en el ecosistema de criptomonedas. Su
concepto de contratos inteligentes ha inspirado numerosas
nuevas plataformas y proyectos, contribuyendo así a la
evolución y diversificación de la cadena de bloques.

Evolución de los Modelos Económicos Las DApps y los
protocolos DeFi en Ethereum han introducido nuevos
modelos económicos. Conceptos como la finanza
descentralizada, los pools de liquidez y los tokens no
fungibles (NFT) han ampliado las posibilidades de uso de
las criptomonedas.

**Contribución a la Adopción Generalizada de las
Criptomonedas** Ethereum ha desempeñado un papel
crucial en popularizar las criptomonedas entre el público en
general. Las diversas aplicaciones y casos de uso han
demostrado el valor y el potencial de la cadena de bloques
para usos reales, atrayendo nuevos usuarios al ecosistema
de criptomonedas.

Impacto en las Finanzas y los Mercados Financieros

Revolución de las Finanzas Descentralizadas (DeFi)
Ethereum ha sido el terreno fértil para el crecimiento exponencial de DeFi. Protocolos que ofrecen préstamos, intercambios descentralizados (DEX) y rendimientos de liquidez han perturbado los servicios financieros tradicionales.

Expansión de la Economía Tokenizada La capacidad de emitir tokens personalizados en Ethereum ha llevado a la expansión de la economía tokenizada. Estos tokens representan diversos activos, desde obras de arte digitales hasta partes de propiedad, abriendo nuevos horizontes para la digitalización de activos.

Perspectivas Futuras sobre la Economía de las Criptomonedas

Evolución de Aplicaciones y Protocolos Los desarrollos futuros en Ethereum podrían continuar moldeando la economía de las criptomonedas. La continua innovación en DApps, DeFi y tecnologías relacionadas podría crear nuevas dinámicas económicas.

Integración Creciente en la Economía Tradicional Se prevé una mayor integración de Ethereum y las criptomonedas en la economía tradicional. Casos de uso en finanzas tradicionales, logística y otros sectores podrían llevar a una adopción más amplia.

El impacto de Ethereum en la economía global de las criptomonedas es significativo, desde la capitalización de mercado hasta el impulso a la innovación, la expansión de DeFi y la evolución de modelos económicos. Este análisis destaca la importancia de Ethereum en la redefinición del panorama financiero moderno y su papel como motor de adopción e innovación en el campo de las criptomonedas.

Capítulo 17: Adopción, Uso y Casos de Uso Reales

1. **Estudio de casos de uso efectivos de Ethereum en diferentes sectores (finanzas, cadena de suministro, gobernanza, etc.).**

Finanzas Descentralizadas (DeFi)

Ethereum está en el centro de la revolución DeFi. Plataformas que ofrecen préstamos, pools de liquidez, protocolos de intercambio descentralizado (DEX) y productos financieros innovadores han prosperado en Ethereum, modificando la forma en que se prestan y acceden a los servicios financieros.

Cadena de Suministro y Logística

Iniciativas utilizan Ethereum para rastrear la procedencia de productos, garantizar la autenticidad de los artículos y mejorar la trazabilidad en las cadenas de suministro. Estas aplicaciones permiten una mayor transparencia y reducen los riesgos de falsificación.

Gobernanza Descentralizada

Ethereum se utiliza en sistemas de gobernanza descentralizada, donde las decisiones se toman a través de tokens de gobernanza basados en Ethereum. Estas plataformas permiten a los usuarios contribuir a las decisiones sobre el desarrollo de la red o proyectos.

Tokens no Fungibles (NFT)

Los NFT, que representan propiedad digital única, se emiten en Ethereum. Se utilizan en arte, juegos, bienes raíces virtuales y otros sectores para crear, comprar y vender activos digitales únicos.

Identidad y Seguridad

Las aplicaciones en Ethereum exploran el uso de la cadena de bloques para identidades digitales seguras. Estas soluciones buscan almacenar y verificar información de identidad de manera descentralizada, ofreciendo a los usuarios un mayor control sobre sus datos.

Ventajas y Desafíos de los Casos de Uso de Ethereum

1. Ventajas

Transparencia e Inmutabilidad: Los registros en la cadena de bloques de Ethereum son transparentes e inmutables, fortaleciendo la confianza en las transacciones y la información registrada.

Reducción de Intermediarios: El uso de contratos inteligentes en Ethereum permite reducir intermediarios, disminuyendo costos y tiempos.

2. Desafíos

Escalabilidad: La escalabilidad es un desafío para casos de uso masivos en Ethereum debido a las limitaciones actuales de la cadena de bloques.

Costos de Transacción: Las fluctuaciones en las tarifas de transacción pueden limitar el acceso y uso para usuarios con recursos limitados.

3. Perspectivas Futuras de los Casos de Uso

Evolución de las Aplicaciones Descentralizadas Los casos de uso de Ethereum están en constante evolución. La continua innovación de las DApps en Ethereum podría abrir nuevos sectores de adopción y nuevas posibilidades de uso.

Integración en Sectores Tradicionales La integración de Ethereum en sectores tradicionales como finanzas, salud o educación podría llevar a una mayor adopción y uso generalizado.

La evaluación de los casos de uso efectivos de Ethereum en diferentes sectores demuestra la diversidad de aplicaciones y beneficios que ofrece la cadena de bloques. Estos casos de uso revelan tanto éxitos como desafíos que Ethereum debe enfrentar en su papel como plataforma para aplicaciones descentralizadas e innovadoras.

Chapítulo 18: Educación, Formación y Recursos

1. **Recursos para el Aprendizaje y la Formación en Ethereum: guías, tutoriales y mejores prácticas.**

Guías y Tutoriales

Documentación Oficial de Ethereum: Las guías y documentación oficial de Ethereum brindan una base sólida para comprender los conceptos fundamentales, características y procedimientos de desarrollo en la plataforma.

Comunidades y Foros en Línea: Foros como Reddit (r/ethereum) o plataformas de discusión como Ethereum Stack Exchange ofrecen discusiones interactivas, tutoriales y respuestas a preguntas específicas de desarrolladores y usuarios.

Cursos y Programas de Aprendizaje

Cursos en Línea: Plataformas educativas como Coursera, Udemy y Ethereum.org de la Ethereum Foundation ofrecen cursos dedicados a Ethereum, desde lo básico hasta temas avanzados para desarrolladores y usuarios.

Talleres y Eventos: Talleres y eventos organizados por desarrolladores y expertos ofrecen oportunidades de aprendizaje práctico, networking y compartir las mejores prácticas.

Herramientas de Desarrollo

Entornos de Desarrollo: Herramientas como Truffle, Remix y Hardhat ofrecen entornos de desarrollo para escribir, probar y desplegar contratos inteligentes y aplicaciones descentralizadas en Ethereum.

Referencias y Estándares: Bibliotecas como OpenZeppelin ofrecen estándares de contratos inteligentes y bibliotecas reutilizables, facilitando el desarrollo seguro en la blockchain de Ethereum.

Importancia de los Recursos Educativos

Fortalecimiento de la Comprensión y la Adopción Acceder a recursos educativos de calidad sobre Ethereum es crucial para democratizar la tecnología, mejorar la comprensión y fomentar una adopción más amplia.

Apoyo a la Innovación y el Desarrollo Los recursos bien respaldados impulsan la innovación al proporcionar a los desarrolladores las herramientas y el conocimiento necesarios para crear nuevas aplicaciones y mejorar el ecosistema de Ethereum.

Desafíos y Perspectivas Futuras

Democratización del Acceso a la Educación La accesibilidad es un desafío. Continuar haciendo que los recursos educativos estén disponibles en varios idiomas y sean financieramente accesibles es esencial para llegar a un público más diverso.

Evolución con la Tecnología Frente a la rápida evolución de la tecnología blockchain, los recursos educativos deben actualizarse continuamente para reflejar los nuevos desarrollos y las mejores prácticas.

Los recursos educativos sobre Ethereum, desde guías y tutoriales hasta cursos en línea y herramientas de desarrollo, desempeñan un papel crucial en el aprendizaje y desarrollo en la plataforma. Estos recursos no solo respaldan la educación de usuarios y desarrolladores, sino que también fomentan la innovación continua en el ecosistema de Ethereum.

2. Iniciativas educativas y de concientización sobre Ethereum en todo el mundo.

Programas Universitarios y Académicos

Cursos y Certificaciones: Algunas universidades ofrecen programas académicos específicos sobre Ethereum, que incluyen cursos sobre contratos inteligentes, blockchain y desarrollo de aplicaciones descentralizadas.

Hackatones y Concursos: Eventos organizados en universidades, como hackatones, que alientan a los estudiantes a explorar Ethereum, desarrollar aplicaciones y presentar sus ideas innovadoras.

Comunidades y Organizaciones sin Fines de Lucro

Grupos de Meetup y Talleres: En diferentes regiones, apasionados de Ethereum organizan encuentros y talleres para compartir conocimientos, discutir casos de uso y permitir interacciones prácticas con Ethereum.

Proyectos Comunitarios: Iniciativas voluntarias educan al público a través de proyectos de concienciación, documentación traducida a varios idiomas y programas de mentoría.

Contribuciones de Empresas y Fundaciones

Programas de Formación Empresarial: Algunas empresas integran Ethereum en sus programas de formación interna para familiarizar a sus empleados con la tecnología blockchain.

Apoyo de Fundaciones: Fundaciones como la Ethereum Foundation invierten en iniciativas educativas globales, respaldando programas de formación, hackatones e investigaciones académicas.

Impacto de las Iniciativas Educativas

Concientización y Democratización de la Tecnología Estas iniciativas educativas contribuyen a concienciar a un público más amplio sobre Ethereum, desmitificando la tecnología blockchain y fomentando la exploración de sus aplicaciones.

Estímulo a la Innovación y el Desarrollo Al ofrecer recursos educativos accesibles, estas iniciativas han fomentado nuevas ideas, la creación de proyectos innovadores y el desarrollo de habilidades en el campo de la blockchain.

Desafíos y Perspectivas Futuras

Necesidad de Educación Continua La tecnología evoluciona rápidamente, por lo que es crucial mantener programas educativos actualizados para reflejar los desarrollos recientes en Ethereum.

Accesibilidad y Ampliación del Público Objetivo La expansión de programas educativos para llegar a diversos públicos, incluidos los de regiones subrepresentadas, requiere un enfoque en la accesibilidad y la inclusión.

Las iniciativas educativas y de concientización sobre Ethereum, ya sean impulsadas por universidades, comunidades, empresas u organizaciones sin fines de lucro, desempeñan un papel esencial en la difusión del conocimiento sobre la tecnología blockchain. Estos esfuerzos contribuyen a sentar bases sólidas para una adopción más amplia y un desarrollo continuo en el ecosistema de Ethereum.

Chapitre 19: Resumen de Perspectivas Externas

Entrevistas o contribuciones de expertos externos que ofrecen diversas perspectivas sobre el futuro de Ethereum y la tecnología blockchain.

Visión de los Líderes de la Industria Blockchain

Desarrolladores destacados:
Conversaciones con destacados desarrolladores en Ethereum brindan información sobre los avances técnicos y los desafíos futuros para la plataforma.

Economistas y Analistas:
Las perspectivas de economistas y analistas ofrecen una visión macroeconómica del impacto de Ethereum en los mercados financieros y la economía global.

Experiencias de Usuarios y Empresas

Testimonios de Usuarios Finales:
Relatos detallados de usuarios finales sobre sus experiencias positivas y negativas con Ethereum, resaltando los beneficios y desafíos reales.

Perspectivas Empresariales:
Las contribuciones de empresas que utilizan Ethereum ofrecen información sobre casos de uso específicos, beneficios observados y adaptaciones necesarias.

Opiniones de Reguladores e Institucionales

Reguladores y Legisladores:
Los puntos de vista de los reguladores sobre la evolución de los marcos regulatorios relacionados con Ethereum y la blockchain ayudan a comprender las tendencias regulatorias.

Inversores Institucionales:
Las opiniones de los inversores institucionales sobre el futuro financiero de la blockchain y Ethereum aportan una perspectiva financiera y estratégica importante.

Diversidad de Perspectivas para una Comprensión Profunda

Tendencias y Desafíos Previstos
Las diversas perspectivas proporcionan indicios sobre tendencias emergentes y desafíos anticipados para Ethereum, incluido análisis sobre escalabilidad, regulación y adopción.

Puntos de Vista sobre la Evolución Tecnológica
Expertos externos comparten sus visiones sobre los desarrollos tecnológicos futuros, como la evolución de la Prueba de Participación (PoS), soluciones de escalabilidad e interoperabilidad con otras blockchains.

Conclusión de las Perspectivas Externas

Las contribuciones de expertos externos ofrecen una diversidad de puntos de vista cruciales para comprender las múltiples facetas de la evolución futura de Ethereum y la blockchain. Estas perspectivas enriquecen la visión global y permiten anticipar posibles desarrollos y desafíos.

Chapitre 20: Perspectivas Globales y Geopolíticas

Análisis del impacto y la adopción de Ethereum en diversos contextos geográficos y socioeconómicos en todo el mundo.

Adopción en Diferentes Países

América del Norte: Análisis del creciente uso de Ethereum en Estados Unidos y Canadá, así como su impacto en los mercados financieros tradicionales.

Europa: Estudio de la integración de Ethereum en los países europeos, destacando regulaciones específicas e iniciativas gubernamentales favorables o restrictivas.

Asia-Pacífico: Análisis de la rápida adopción de Ethereum en países asiáticos, su impacto en sectores tecnológicos y financieros, y tendencias regulatorias.

Desigualdades y Diversidad en la Adopción

Regiones en Desarrollo: Estudio de iniciativas que utilizan Ethereum para abordar problemas socioeconómicos en países en desarrollo y exploración de obstáculos en la adopción.

Desigualdades en la Adopción: Análisis de disparidades en la adopción entre diferentes regiones debido a factores socioeconómicos, regulatorios y tecnológicos.

Impacto Geopolítico de Ethereum

Consecuencias en la Geopolítica

Impacto en Sistemas Financieros: Evaluación de cómo la adopción de Ethereum puede perturbar sistemas financieros tradicionales e influir en la dinámica económica mundial.

Geopolítica e Innovación Tecnológica: Análisis del impacto geopolítico de la carrera por la innovación en blockchain, destacando iniciativas gubernamentales y rivalidades entre países.

Implicaciones en la Soberanía y Política

Soberanía Digital: Reflexión sobre las implicaciones del ascenso de Ethereum y tecnologías descentralizadas en la soberanía nacional y la gobernanza global.

Regulación y Política Pública: Análisis de respuestas gubernamentales ante el auge de Ethereum, incluyendo políticas regulatorias y esfuerzos para fomentar o restringir la adopción.

Perspectivas Futuras de la Adopción Geográfica

Desarrollo Económico y Social

Potencial para Reducir Desigualdades: Evaluación del potencial de Ethereum para mejorar el acceso financiero y reducir desigualdades económicas en diferentes regiones.

Estímulo a la Innovación: Anticipación del efecto catalizador de Ethereum en la innovación y el desarrollo económico, especialmente en economías emergentes.

Evolución de la Dinámica Geopolítica

Emergencia de Centros Tecnológicos: Predicción sobre el surgimiento de centros tecnológicos basados en Ethereum y sus efectos en la geopolítica y la economía mundial.

Rol de la Cooperación Internacional: Perspectivas sobre la necesidad de cooperación internacional para regular e integrar eficazmente Ethereum en el contexto geopolítico global.

El análisis de las perspectivas globales y geopolíticas de Ethereum permite comprender el impacto diferenciado de la tecnología blockchain en diversos contextos socioeconómicos y geográficos. Esta evaluación destaca la importancia de considerar aspectos geopolíticos en el desarrollo y la adopción de tecnologías como Ethereum.

Chapitre 21: Colaboraciones y Asociaciones

1. **Colaboración con otras blockchains y protocolos reconocidos.**

Interoperabilidad entre Blockchains

Puentes Inter-cadena: Análisis de iniciativas para establecer puentes entre Ethereum y otras blockchains importantes, permitiendo el intercambio de activos y datos entre redes.

Protocolos de Intercambio Descentralizado (DEX): Estudio de protocolos de DEX entre cadenas que facilitan el intercambio de activos entre diferentes blockchains, proporcionando mayor liquidez e interconectividad.

Colaboración para la Innovación Tecnológica

Asociaciones para el Desarrollo: Examen de las asociaciones entre Ethereum y otros protocolos reconocidos para colaborar en soluciones técnicas, como la escalabilidad o la privacidad.

Iniciativas de Investigación Conjunta: Análisis de proyectos de investigación colaborativos entre Ethereum y otras blockchains para explorar nuevas tecnologías avanzadas y resolver problemas comunes.

Ventajas de las Asociaciones para Ethereum

Expansión de Capacidades

Mejora en la Escalabilidad: Las colaboraciones buscan mejorar la escalabilidad de Ethereum mediante soluciones como el shardin o los rollups, aprovechando innovaciones externas.

Diversificación de Casos de Uso: La colaboración abre nuevos casos de uso al integrar características únicas de otras blockchains en el ecosistema de Ethereum.

Fortalecimiento del Ecosistema Blockchain

Incremento en la Red de Efectos: Las asociaciones fortalecen el ecosistema global de blockchain al fomentar la adopción y estimular la innovación mediante el intercambio de recursos y conocimientos.

Reducción de Barreras de Entrada: La colaboración puede reducir obstáculos en la adopción al ofrecer soluciones inter-cadena transparentes y fáciles de usar para los usuarios.

Perspectivas Futuras de las Asociaciones

Expansión de Alianzas

Nuevos Protocolos y Redes: Anticipación de nuevas colaboraciones con protocolos emergentes o redes blockchain de nicho para enriquecer el ecosistema de Ethereum.

Mayor Interconectividad: Previsión de una mayor interconectividad entre blockchains, creando un ecosistema blockchain más interoperable y sinérgico.

Impacto en la Adopción y la Innovación

Estímulo a la Adopción: Las asociaciones pueden acelerar la adopción de Ethereum al ofrecer funcionalidades extendidas y ampliar el alcance de los casos de uso.

Catalizador para la Innovación: Las colaboraciones respaldan la innovación continua al fomentar el intercambio de ideas y soluciones entre diferentes entidades en el mundo de las blockchains.

Las colaboraciones y asociaciones de Ethereum con otras blockchains y protocolos reconocidos representan una estrategia clave para mejorar la escalabilidad, la interconectividad y la adopción de la tecnología blockchain. Estas alianzas fomentan la innovación y fortalecen el ecosistema global de las blockchains.

2. El impacto de las asociaciones en el ecosistema de Ethereum y la blockchain en general.

Ampliación de la Utilidad y Funcionalidad

Diversificación de los Casos de Uso: Las asociaciones aportan nuevas funcionalidades y casos de uso ampliados a Ethereum, fortaleciendo su atractivo para una gama más amplia de usuarios y empresas.

Mejora de la Interconectividad: La interoperabilidad aumenta gracias a las asociaciones que fomentan el intercambio de activos y datos entre diferentes plataformas, aumentando así el valor del ecosistema de Ethereum.

Avances Tecnológicos e Innovación

Compartir Recursos: Las colaboraciones permiten el intercambio de recursos y conocimientos, acelerando el desarrollo de soluciones innovadoras y el progreso tecnológico global.

Co-Creación de Soluciones: Las asociaciones fomentan la co-creación de soluciones técnicas y la exploración de nuevos avances, fortaleciendo la posición de Ethereum como pionero en blockchain.

Impacto en la Blockchain en su Conjunto

1. **Efecto en la Adopción y Notoriedad de la Blockchain**

Impulso en la Adopción: Las asociaciones refuerzan la credibilidad de la blockchain en general, atrayendo la atención de usuarios y empresas que pueden beneficiarse de esta tecnología.

Aumento de la Confianza: Las asociaciones exitosas fortalecen la confianza en la blockchain al demostrar su viabilidad y capacidad para integrarse en aplicaciones reales.

2. **Catalizador para la Innovación Sectorial**

Desarrollo de Estándares: Las asociaciones contribuyen al establecimiento de normas y buenas prácticas en el ecosistema blockchain, fomentando un entorno propicio para la innovación continua.

Experimentación de Casos de Uso: Las colaboraciones permiten la experimentación de diversos casos de uso, estimulando la innovación en sectores como finanzas, logística y gobernanza.

Perspectivas Futuras sobre el Impacto de las Asociaciones

Crecimiento del Ecosistema Blockchain

Expansión de las Colaboraciones: El futuro promete un crecimiento en asociaciones, con más colaboraciones entre cadenas y alianzas estratégicas para enriquecer todo el ecosistema blockchain.

Emergencia de Nuevas Oportunidades: Las asociaciones abren nuevas oportunidades de innovación y adopción, desencadenando nuevos casos de uso y experiencias para los usuarios.

Impacto en la Madurez de la Tecnología

Consolidación de Estándares: A medida que las asociaciones se multiplican, emerge una consolidación de estándares, estabilizando así la tecnología blockchain en su conjunto.

Crecimiento de la Confianza y Estabilidad: Las colaboraciones exitosas fortalecen la confianza de los actores externos y estabilizan la imagen de la blockchain como tecnología duradera.

Las asociaciones desempeñan un papel fundamental en la expansión, adopción e innovación del ecosistema Ethereum y de la blockchain en general. Estimulan la interoperabilidad, fomentan la innovación y refuerzan la credibilidad de la tecnología blockchain, abriendo la puerta a nuevos avances y oportunidades para el futuro.

Capítulo 22: Conceptos Avanzados y Desarrollos Técnicos

1. **Exploración en Profundidad de Conceptos Emergentes como los Rollups y las Soluciones de Escalado Secundario.**

Los Rollups: Una Evolución Significativa
Los Rollups representan una innovación importante en el mundo de Ethereum, ofreciendo una solución prometedora para mejorar considerablemente la capacidad de procesamiento de la red. Estas soluciones, agrupadas bajo el término "rollup", presentan una forma innovadora de gestionar las transacciones fuera de la cadena principal, aliviando la congestión y mejorando la eficiencia.

La esencia de los Rollups radica en su habilidad para consolidar múltiples transacciones en una sola, comprimiendo así los datos para una inserción más rápida y ligera en la cadena principal. Se dividen en dos tipos principales: Rollups Optimizados y Rollups ZK (de conocimiento cero).

Rollups Optimizados:
Optimizan la gestión de transacciones al agrupar múltiples operaciones en una, aliviando la carga en la cadena principal. Esto se traduce en mejoras significativas en rendimiento y costos.

Rollups ZK (de conocimiento cero):
Estos Rollups utilizan técnicas avanzadas de criptografía para demostrar la validez de las transacciones sin revelar los detalles específicos de cada una. Esto garantiza la confidencialidad y mejora la escalabilidad.

Solutions de Escalado Secundario

Además de los Rollups, las soluciones de escalado secundario representan otra dimensión importante para la expansión de Ethereum. Ofrecen métodos alternativos para manejar un gran volumen de transacciones fuera de la cadena principal, mejorando la escalabilidad sin comprometer la seguridad o la descentralización.

Estas soluciones secundarias pueden tomar diversas formas, como sidechains (cadenas secundarias) o redes de escalado, cada una con ventajas específicas en rendimiento, costos y seguridad. Su objetivo es aliviar la presión sobre la cadena principal manteniendo un alto nivel de seguridad y descentralización.

En resumen, la aparición de los Rollups y las soluciones de escalado secundario marca un paso crucial en la evolución de Ethereum. Estas innovaciones no solo prometen mejorar significativamente el rendimiento de la red, sino también abrir el camino a nuevos casos de uso y una mayor adopción, llevando a Ethereum a nuevos niveles en el mundo de la blockchain y las aplicaciones descentralizadas.

2. Avances en Privacidad y Seguridad: Pruebas de Conocimiento Cero, Técnicas de Confidencialidad.

Pruebas de Conocimiento Cero:

Protegiendo la Identidad Los avances en privacidad en la blockchain de Ethereum son fundamentales para asegurar la protección de los datos sensibles de los usuarios. Las pruebas de conocimiento cero (Zero-Knowledge Proofs - ZKP) son uno de los avances más destacados en este ámbito.

Las ZKP permiten demostrar que una información es verdadera sin revelar los detalles de esa información. Esto significa que una persona puede probar que posee un conocimiento específico sin revelar dicho conocimiento en sí. En Ethereum, esto se traduce en transacciones e interacciones donde solo las partes involucradas directamente en el intercambio conocen los detalles, preservando así la confidencialidad de los datos.

Técnicas de Confidencialidad:

Reforzando la Seguridad Además de las ZKP, emergen técnicas innovadoras de confidencialidad para fortalecer la seguridad de las transacciones e interacciones en la blockchain. Estas técnicas tienen como objetivo cifrar los datos de manera sofisticada, asegurando que solo las partes autorizadas puedan acceder a la información intercambiada.

Entre estas técnicas se encuentra el cifrado homomórfico, que permite realizar cálculos en datos cifrados sin descifrarlos, preservando así la confidencialidad de la información mientras permite su procesamiento. Este avance proporciona un nivel adicional de protección de datos, fortaleciendo la confianza de los usuarios en la seguridad de la red de Ethereum.

En resumen, estos avances en privacidad y seguridad, como las pruebas de conocimiento cero y las técnicas de confidencialidad avanzadas, contribuyen a reforzar la confianza de los usuarios al garantizar la protección de sus datos personales y transacciones en la blockchain de Ethereum, abriendo así el camino a una adopción más amplia y a una mayor diversidad de aplicaciones de esta tecnología revolucionaria.

Capítulo 23: Retrospectiva de las Versiones de Ethereum

1. **Historia detallada de las versiones anteriores de Ethereum, destacando la evolución de las características y las actualizaciones importantes.**

Ethereum 1.0: El Surgimiento

La primera versión de Ethereum, lanzada en 2015, fue un hito fundamental en la historia de la blockchain. Introdujo los contratos inteligentes y sentó las bases de la descentralización, permitiendo a los desarrolladores crear aplicaciones descentralizadas (DApps) y desplegar contratos autónomos.

Actualizaciones importantes y evolución funcional

Con el tiempo, Ethereum ha experimentado varias actualizaciones importantes, cada una con cambios significativos:

Homestead (2016):

Esta actualización consolidó la seguridad y la estabilidad de la red Ethereum, marcando un paso importante hacia la madurez de la plataforma.

Metropolis (Byzance y Constantinople - 2017-2019):

Esta fase trajo mejoras significativas en privacidad, seguridad y funcionalidades, incluyendo la introducción del concepto ZKP (prueba de conocimiento cero) y nuevos opcodes.

Istanbul (2019):

Esta actualización introdujo mejoras de rendimiento y ajustes en la estructura de precios para hacer la red más eficiente.

Berlín (2021):

Dirigida a optimizar el funcionamiento de la red, esta actualización mejoró la eficiencia de las transacciones y reforzó la seguridad.

Hacia Ethereum 2.0: La Transición

Simultáneamente, Ethereum 2.0 surgió como una remodelación importante de la red, con el objetivo de abordar problemas de escalabilidad y consumo energético inherentes a Ethereum 1.0. Esta transición hacia Ethereum 2.0 implica el cambio de Prueba de Trabajo (PoW) a Prueba de Participación (PoS), y la introducción de sharding para mejorar la capacidad de la red para manejar un gran número de transacciones.

Impacto de las Actualizaciones en la Comunidad y la Adopción

Cada actualización y evolución de Ethereum ha tenido un impacto significativo en la comunidad de desarrolladores, mineros y usuarios. Estos cambios han moldeado la experiencia del usuario, la eficiencia de la red y han generado debates sobre la escalabilidad y gobernanza de la plataforma.

En conclusión, esta retrospectiva de las versiones anteriores de Ethereum ilustra la impresionante evolución de esta plataforma desde sus inicios, mostrando cómo cada actualización ha contribuido a dar forma a la blockchain, resolver problemas y preparar el terreno para el futuro de Ethereum, una tecnología en constante evolución.

2   Impacts de las Actualizaciones en la Comunidad y la Adopción de Ethereum

Las diversas versiones y actualizaciones de Ethereum han tenido impactos significativos en la comunidad, los usuarios y la adopción general de la plataforma blockchain.

Compromiso de la Comunidad

Cada nueva versión ha generado un alto grado de compromiso dentro de la comunidad de Ethereum. Los desarrolladores, mineros y usuarios han contribuido activamente en discusiones, pruebas e implementaciones de nuevas funcionalidades. Estas actualizaciones han sido resultado de un proceso de toma de decisiones descentralizado que involucra a una amplia gama de actores, fortaleciendo la naturaleza colaborativa de la plataforma.

Impacto en los Usuarios

Las actualizaciones frecuentemente han mejorado la experiencia de los usuarios de Ethereum. Ajustes en las tarifas de transacción, mejoras en la velocidad y eficiencia de la red, así como la introducción de nuevas características, han hecho que la plataforma sea más amigable y atractiva para un público más amplio.

Adopción y Nuevos

Casos de Uso Cada actualización ha abierto nuevas oportunidades y casos de uso para Ethereum. Mejoras en seguridad, privacidad y capacidad de procesamiento han facilitado la aparición de nuevas aplicaciones descentralizadas (DApps) y han aumentado el atractivo de Ethereum para sectores como finanzas, logística y gobernanza descentralizada.

Preocupaciones y Debates

Sin embargo, estas actualizaciones no han estado exentas de debates y preocupaciones dentro de la comunidad. Las actualizaciones importantes, como la transición a Ethereum 2.0, han suscitado discusiones sobre gobernanza, seguridad e implicaciones para mineros y poseedores de ETH.

Evolución y Adaptación

En última instancia, cada actualización ha sido un catalizador para la evolución de Ethereum, instando a la comunidad a adaptarse, innovar y resolver desafíos técnicos, manteniendo el compromiso con la visión de descentralización y accesibilidad.

Conclusión

Los impactos de las actualizaciones de Ethereum van más allá de los cambios técnicos. Han moldeado la cultura, la adopción y la dirección futura de la plataforma, demostrando la importancia crucial de la interacción entre la tecnología y la comunidad para avanzar en una plataforma blockchain de tal envergadura.

Capítulo 24: Impacto Social y Consideraciones Éticas Profundas

1. **Reflexiones profundas sobre el impacto social positivo y los desafíos éticos asociados con el uso de Ethereum en diferentes contextos socioeconómicos.**

Reflexiones Profundas sobre el Impacto Social

El uso de Ethereum genera un impacto social significativo en diversos contextos socioeconómicos, ofreciendo oportunidades y presentando desafíos éticos que deben considerarse cuidadosamente.

Inclusión Financiera:

A través de aplicaciones descentralizadas (DApps) y DeFi, Ethereum ofrece soluciones para la inclusión financiera, permitiendo el acceso a servicios financieros que antes eran inaccesibles para muchas personas en regiones con sistemas bancarios limitados o tradicionales.

Transparencia y Gobernanza:

La transparencia de la blockchain ofrece posibilidades de mejoras en la gobernanza en varios sectores, permitiendo una mayor responsabilidad y participación de las partes interesadas.

Reducción de Intermediarios:

Al eliminar intermediarios, Ethereum puede reducir costos y aumentar la eficiencia en áreas como transacciones financieras, seguros y logística.

Los Desafíos Éticos a Considerar

Sin embargo, el uso de Ethereum también plantea preguntas éticas cruciales que deben ser examinadas en profundidad.

Seguridad de los Datos:

La transparencia de la blockchain puede plantear desafíos en cuanto a la privacidad y seguridad de los datos personales, lo que requiere medidas adicionales para proteger la información sensible.

Igualdad y Accesibilidad:

A pesar de sus ventajas potenciales, Ethereum podría intensificar las desigualdades digitales si no se distribuye equitativamente el acceso a la tecnología y a la educación necesaria para beneficiarse de ella.

Responsabilidad y Regulación:

La descentralización puede complicar la responsabilidad en casos de comportamientos abusivos o transacciones ilícitas, lo que requiere una reflexión profunda sobre la regulación sin perturbar los valores fundamentales de la blockchain.

Importancia de la Evaluación Ética

Es fundamental realizar una evaluación ética rigurosa y seguir utilizando Ethereum en diversos contextos. El equilibrio entre la innovación tecnológica y las implicaciones sociales y éticas debe ser constantemente reevaluado para asegurar que los beneficios socioeconómicos no se logren a expensas de la ética y los valores humanos fundamentales.

En conclusión, este análisis profundo del impacto social y los desafíos éticos asociados con el uso de Ethereum resalta la importancia crítica de considerar las implicaciones sociales, éticas y morales en el despliegue y la evolución de esta tecnología para promover un futuro sostenible, equitativo e inclusivo.

2   Potencial de Ethereum para el Empoderamiento y la Reducción de Desigualdades en Regiones o Industrias Específicas.

Empoderamiento a Través de la Descentralización

Ethereum tiene un potencial notable para empoderar a individuos y comunidades, al tiempo que contribuye a reducir las desigualdades existentes en algunas regiones o industrias.

Acceso a Servicios Financieros:

En regiones con acceso limitado a servicios financieros tradicionales, Ethereum ofrece acceso directo a través de DApps y DeFi, permitiendo a las personas controlar sus finanzas de manera más autónoma.

Oportunidades para Pequeñas Empresas:

La blockchain Ethereum ofrece oportunidades a las pequeñas empresas al simplificar los procesos comerciales y reducir los costos de transacción, abriendo así nuevos mercados y mejorando la competitividad.

Transparencia y Autonomía:

La transparencia e inmutabilidad de la blockchain permiten a las personas tener un mayor control sobre sus datos y activos, fortaleciendo su autonomía y seguridad.

Reducción de Desigualdades a través de la Innovación

 Ethereum, con su arquitectura descentralizada y características avanzadas, tiene el potencial de disminuir disparidades en varios sectores.

Educación y Acceso a la Información:

Facilitando el acceso a la educación y la información a través de plataformas descentralizadas, Ethereum puede contribuir a reducir la brecha de conocimiento en áreas con acceso limitado a información.

Economías Emergentes:

En economías emergentes, Ethereum puede actuar como un catalizador para estimular la innovación, crear oportunidades laborales y fomentar el desarrollo económico.

Descentralización de la Gobernanza:

La gobernanza descentralizada permite que comunidades marginadas tengan un papel más activo en la toma de decisiones, abordando asimetrías de poder en ciertos contextos.

Aspiraciones para un Futuro Equitativo Aunque el potencial de Ethereum para empoderar y reducir desigualdades es significativo, su logro total depende de la equidad en el acceso a tecnologías, educación y recursos necesarios para participar plenamente en este ecosistema.

En resumen, esta exploración del potencial de Ethereum para el empoderamiento y la reducción de desigualdades destaca las amplias oportunidades que esta tecnología ofrece. No obstante, alcanzar estos objetivos requiere un compromiso continuo con la equidad, la inclusión y esfuerzos concertados para superar barreras en la adopción y participación, creando así un futuro más equitativo e inclusivo.

Capítulo 25: Adopción Internacional y Geopolítica

1. **Análisis detallado de la adopción de Ethereum en diversos países y regiones, destacando los obstáculos, las oportunidades y las diferencias culturales.**

Análisis de la Adopción Global de Ethereum

La adopción de Ethereum varía considerablemente de un país a otro y se ve influenciada por una variedad de factores, desde condiciones económicas y regulaciones hasta peculiaridades culturales. Este análisis exhaustivo explora estas diferencias para comprender mejor los obstáculos, las oportunidades y las diversas dinámicas geopolíticas asociadas con la adopción de Ethereum.

Obstáculos y Desafíos

Regulación y Legislación:

Las regulaciones divergentes en diferentes países pueden crear desafíos para la adopción generalizada de Ethereum. Algunos gobiernos han adoptado un enfoque restrictivo hacia las criptomonedas, presentando obstáculos regulatorios.

Infraestructura y Acceso:

Las disparidades en la infraestructura tecnológica y el acceso a
Internet en algunas regiones pueden limitar la adopción de
Ethereum, dificultando o imposibilitando el uso de la blockchain
para algunas poblaciones.

Confianza y Educación:

La comprensión limitada de la tecnología blockchain y la
desconfianza hacia las nuevas tecnologías pueden ser barreras
para la adopción.

Oportunidades y Potencial

Emergencia de Nuevos Mercados:

En ciertos países en desarrollo, Ethereum abre paso a nuevos
mercados económicos, ofreciendo oportunidades para la
innovación y el crecimiento.

Papel en la Innovación:

La adopción de Ethereum en regiones progresistas a menudo
está asociada con iniciativas innovadoras en sectores como
finanzas, salud y gobernanza.

Diversidad Cultural:

La diversidad cultural impacta cómo Ethereum es percibido y adoptado, con algunos países valorando más la descentralización y la transparencia que otros.

Diferencias Culturales y Geopolíticas

Las diferencias culturales juegan un papel importante en la adopción de Ethereum, dando forma a actitudes y comportamientos hacia la tecnología.

Enfoques Gubernamentales:

Las actitudes gubernamentales hacia las criptomonedas y la tecnología blockchain varían, influyendo en el entorno regulatorio y, por ende, en la adopción de Ethereum.

Comportamiento de los Usuarios:

Las culturas que valoran la confianza y la transparencia pueden estar más inclinadas a adoptar Ethereum por sus aspectos descentralizados.

Educación y Concientización:

La forma en que se educa y concientiza puede influir en la comprensión y aceptación de Ethereum en diferentes culturas.

Conclusión Geopolítica

En resumen, el análisis de la adopción internacional de Ethereum destaca los desafíos, oportunidades y matices culturales que moldean su adopción en todo el mundo. Comprender estas dinámicas geopolíticas es crucial para fomentar una adopción más amplia e inclusiva de Ethereum, permitiendo que la tecnología contribuya de manera significativa a la innovación, el crecimiento económico y la transformación social a nivel global.

2. El impacto geopolítico de la creciente adopción de la blockchain Ethereum.

La creciente adopción de la blockchain Ethereum tiene profundas repercusiones geopolíticas, redefiniendo las dinámicas económicas, políticas y sociales a nivel global.

Transformación de Intercambios Económicos

Nuevas Relaciones Comerciales:

La aparición de Ethereum tiene el potencial de remodelar las relaciones comerciales internacionales al facilitar intercambios directos y transparentes entre entidades, a menudo evitando las estructuras económicas tradicionales.

Desafíos y Oportunidades para los Estados:

Los Estados deben adaptar sus políticas económicas y fiscales para integrar la economía de la blockchain. Esto crea oportunidades para algunos y desafíos para otros, afectando las ventajas competitivas nacionales.

Redefinición de Modelos de Gobernanza

Descentralización y Poder: La adopción de Ethereum cuestiona los modelos de gobernanza centralizada al ofrecer alternativas descentralizadas. Esto redistribuye el poder económico y político, impactando las estructuras tradicionales de gobernanza.

Diplomacia Digital: La diplomacia digital emerge como un nuevo campo de acción para los Estados, donde la promoción de la tecnología blockchain, incluyendo Ethereum, puede convertirse en un asunto estratégico en las relaciones internacionales.

Seguridad y Geopolítica

Ciberseguridad y Soberanía: La adopción de Ethereum plantea preocupaciones sobre la seguridad y soberanía de los datos, requiriendo cooperación internacional para garantizar la protección de los intereses nacionales.

Nuevas Formas de Cooperación: La blockchain Ethereum puede fomentar nuevas formas de cooperación entre naciones, especialmente en la lucha contra el fraude, la corrupción y el lavado de dinero.

Repercusiones Sociales y Culturales

Transformación Cultural: La adopción de Ethereum impacta en la cultura, fomentando la confianza, la transparencia y la autonomía individual, valores a menudo impulsados por la tecnología blockchain.

Educación y Fuerza Laboral: Las naciones que invierten en educación y formación sobre la blockchain, incluyendo Ethereum, pueden desarrollar una fuerza laboral competente para el futuro.

Conclusión Geopolítica En resumen, la creciente adopción de la blockchain Ethereum resuena más allá de las fronteras nacionales, remodelando las relaciones económicas, políticas y culturales a nivel global. La forma en que los Estados, las organizaciones y los individuos se adaptan a esta transformación geopolítica determinará en gran medida la dirección y la magnitud del impacto de la blockchain Ethereum en el escenario internacional.

Chapitre 26 : Respuestas a Preguntas Avanzadas

1. **Exploración detallada de preguntas complejas sobre la gobernanza, la escalabilidad y otros desafíos técnicos de Ethereum.**

Gobernanza Descentralizada:

La gobernanza de Ethereum, basada en la descentralización, plantea cuestiones complejas. ¿Cómo tomar decisiones evolutivas sin centralizarse demasiado? ¿Qué mecanismos garantizan una representación equitativa de las partes interesadas? El análisis detallado de estas preguntas tiene como objetivo establecer modelos de gobernanza sólidos y participativos.

Escalabilidad y Escalado:

Los desafíos en cuanto a la escalabilidad de Ethereum son cruciales. ¿Cómo mantener tiempos de procesamiento rápidos y costos de transacción bajos a medida que la red crece? El estudio de soluciones de escalado como el "sharding" y los posibles compromisos es esencial para asegurar la sostenibilidad de la red.

Interoperabilidad con Otras Blockchains:

La compatibilidad y la interoperabilidad entre diferentes blockchains son cuestiones complejas. ¿Cómo garantizar una comunicación fluida entre Ethereum y otras redes sin comprometer la seguridad? Un examen detallado de los protocolos de interoperabilidad, como los puentes blockchain, es necesario para facilitar una adopción más amplia.

Sostenibilidad Ambiental:

La transición de la prueba de trabajo (PoW) a la prueba de participación (PoS) tiene como objetivo mejorar la sostenibilidad ambiental de Ethereum. ¿Cómo minimizar el impacto energético mientras se preserva la seguridad y la descentralización? Un análisis exhaustivo de las implicaciones del PoS en la seguridad de la red y su huella ecológica es crucial.

Desafíos y Soluciones:

Enfoque Holístico Respuestas a la Complejidad de la Gobernanza: La implementación de mecanismos de gobernanza descentralizada, como las DAO (Organizaciones Autónomas Descentralizadas), puede fomentar una toma de decisiones más transparente e inclusiva. Sin embargo, esto requiere educación continua de las partes interesadas y una adaptación constante a las nuevas realidades de la red.

Estrategias para la Escalabilidad:

La integración de soluciones de escalabilidad como el "sharding" y los "rollups" busca aumentar la capacidad de la red. No obstante, es crucial monitorear cuidadosamente la eficacia de estas soluciones y adaptarse a los desafíos emergentes a medida que la tecnología blockchain evoluciona.

Interoperabilidad Segura:

La creación de normas interoperables y protocolos seguros facilita el intercambio de información y activos entre diferentes blockchains. La adopción de estándares como ERC-20 y ERC-721 muestra el camino hacia una interoperabilidad más fluida.

Transición Ecológica:

La transición a PoS es un paso hacia la sostenibilidad ambiental. Sin embargo, esto requiere una gestión cuidadosa de los incentivos económicos y una supervisión regular del rendimiento de la red para garantizar una seguridad óptima mientras se reduce la huella de carbono.

Conclusión:

La Evolución Continua de Ethereum En conclusión, abordar las preguntas avanzadas de Ethereum requiere un enfoque holístico que combine innovación técnica, modelos de gobernanza participativos y adaptación constante a las necesidades cambiantes de la comunidad. La exploración profunda de estos desafíos garantiza una evolución continua y sostenible de la blockchain Ethereum.

2. Soluciones Consideradas para las Preguntas Avanzadas.

Gobernanza Descentralizada:

DAO Mejoradas:

Desarrollo de DAO más sofisticadas con mecanismos de votación mejorados y una representación más justa de los poseedores de tokens.

Protocolos de Votación Escalables:

Exploración de protocolos de votación escalables para una participación más fluida y equitativa de la comunidad.

Escalabilidad y Escalado:

Implementación de Sharding:

Implementación gradual del sharding para mejorar la capacidad de la red Ethereum para manejar un mayor volumen de transacciones.

Optimización de los Rollups:

Mejora continua de las soluciones de rollups para una eficiencia máxima en el procesamiento de transacciones.

Interoperabilidad con Otras Blockchains:

Normas de Interoperabilidad:

Establecimiento de normas interoperables para facilitar el intercambio de activos e información entre diferentes blockchains.

Protocolos de Puentes Mejorados:

Desarrollo de protocolos de puentes blockchain más seguros para una interoperabilidad más fluida.

Sostenibilidad Ambiental:

Optimización de la Prueba de Participación:

Mejora continua de la prueba de participación para minimizar la huella de carbono mientras se garantiza la seguridad de la red.

Transición Responsable:

Una transición progresiva y cuidadosa de la prueba de trabajo a la prueba de participación para mitigar los impactos en la seguridad y el medio ambiente.

Enfoque y Perspectivas Futuras Colaboración e Innovación:

Colaboración Continua:

Fomento de la colaboración entre desarrolladores, investigadores y la comunidad para explorar e implementar estas soluciones.

Innovación Permanente:

Fomento de una cultura de innovación continua para adaptarse a nuevos desafíos y oportunidades en el ecosistema Ethereum.

Capítulo 27: Desarrollos Actuales y Proyectos a Seguir

1. **Destacando proyectos en desarrollo, actualizaciones próximas y tendencias emergentes en el ecosistema Ethereum. Proyectos Actuales en Desarrollo**

Proyectos Actualmente en Desarrollo:

Optimización de los Rollups:

Varios equipos trabajan en mejoras de los rollups, soluciones de escalabilidad secundarias, con el objetivo de aumentar la eficiencia y velocidad de las transacciones en la blockchain Ethereum.

Desarrollo de Protocolos de Puentes:

Proyectos se centran en fortalecer los protocolos de puentes entre diferentes blockchains, con el objetivo de mejorar la interoperabilidad y facilitar el intercambio de activos entre redes.

Mejora de las DAO:

Esfuerzos considerables se dirigen a mejorar las DAO, con un enfoque especial en la gobernanza y representación de los poseedores de tokens para una participación más equitativa.

Actualizaciones Próximas

Transición hacia Ethereum 2.0:

Se esperan con gran expectativa las próximas fases de Ethereum 2.0, incluyendo la continua implementación de PoS y la progresiva introducción de sharding, para mejorar la escalabilidad y sostenibilidad ambiental.

Evolución de los Protocolos:

Importantes actualizaciones de los protocolos están previstas para mejorar la seguridad, eficiencia e interoperabilidad de Ethereum, creando oportunidades para nuevas aplicaciones y casos de uso.

Tendencias Emergentes

Finanzas Descentralizadas (DeFi):

El sector DeFi en Ethereum sigue creciendo con nuevos protocolos y aplicaciones que amplían las posibilidades de préstamos, intercambios y staking descentralizados.

Nuevos Casos de Uso:

Tendencias emergentes muestran la exploración de Ethereum en áreas como el arte digital (NFTs), gobernanza descentralizada y tokenización de activos reales.

Investigación sobre Seguridad:

Se presta especial atención a la investigación sobre seguridad, con iniciativas para identificar y solucionar vulnerabilidades potenciales en la blockchain Ethereum.

Perspectivas Futuras

Los desarrollos actuales y proyectos en curso brindan un ecosistema Ethereum dinámico y en constante evolución. Al monitorear detenidamente estos avances, es posible anticipar las tendencias futuras e identificar oportunidades emergentes que darán forma al futuro de la blockchain Ethereum y sus aplicaciones descentralizadas.

2. Impact potencial de estos desarrollos en el futuro de Ethereum y blockchain.

Evolución Tecnológica Escalabilidad y Adopción:

Las mejoras en la escalabilidad, como la introducción del sharding y la generalización de los rollups, podrían reducir las tarifas de transacción y acelerar los tiempos de procesamiento, lo que favorecería una adopción más amplia de Ethereum en diversos sectores.

Seguridad y Confianza:

Los avances en seguridad refuerzan la confianza de los usuarios y las empresas en la fiabilidad de Ethereum, estimulando nuevos casos de uso y atrayendo más inversores institucionales.

Impacto en el Ecosistema

Financiero Consolidación de DeFi:

Una DeFi más madura y segura atrae flujos financieros más significativos, creando nuevas oportunidades de inversión y ampliando el papel de Ethereum en el sistema financiero global.

Tokenización de Activos Reales:

La expansión de la tokenización de activos reales, como bienes inmuebles u obras de arte, abre nuevos mercados y ofrece mayor accesibilidad a activos tradicionalmente menos líquidos.

Influencia en la Innovación

Adopción por otras Industrias: La evolución de Ethereum hacia soluciones más escalables y seguras llama la atención de industrias fuera de las finanzas, fomentando la innovación y la integración de la tecnología blockchain en diversos sectores.

Emergencia de Nuevos Modelos Económicos: La mejora tecnológica permite la aparición de nuevos modelos económicos y de gobernanza descentralizada, remodelando la forma en que las empresas y las comunidades interactúan y operan.

Anticipación de Desafíos

Complejidad de las Actualizaciones: La introducción de actualizaciones importantes podría enfrentar desafíos de compatibilidad y transición, requiriendo una comunicación transparente y una adopción progresiva para minimizar las interrupciones.

Mantenimiento de la Descentralización: El crecimiento y la creciente complejidad podrían plantear desafíos para mantener los principios de descentralización y democracia en el núcleo de Ethereum.

Conclusión: Evolución y Adaptación

Los desarrollos actuales y futuros de Ethereum prometen una evolución significativa en la tecnología blockchain, abriendo nuevas posibilidades y desafíos. El impacto de estos avances dependerá de cómo la comunidad de Ethereum maneje las transiciones, anticipando desafíos y aprovechando oportunidades para dar forma a un futuro sostenible e innovador para la blockchain de Ethereum.

Conclusion:

Recapitulación de los puntos clave. El recorrido a través del universo de Ethereum ha revelado una plataforma blockchain revolucionaria con un potencial inmenso y desafíos únicos. Aquí está un resumen de los puntos clave:

Revolución Blockchain

Ethereum, Pilar de la Innovación:

Al introducir contratos inteligentes y una plataforma programable, Ethereum abrió la puerta a una multitud de casos de uso descentralizados.

Evolución y Avances:

Desde PoW a PoS, desde sharding hasta rollups, las evoluciones de Ethereum buscan constantemente la escalabilidad, la seguridad y la sostenibilidad.

Impacto en la Economía y la Sociedad

DeFi y Nuevos Modelos Financieros:

La finanza descentralizada ha remodelado los modelos financieros tradicionales, ofreciendo nuevas oportunidades y desafíos.

Reflexión sobre el Impacto Social:

El uso de Ethereum genera reflexiones sobre la autonomía, la reducción de las desigualdades y las implicaciones éticas en contextos socioeconómicos diversos.

Dinámica Geopolítica

Adopción a Escala Global:

La adopción de Ethereum varía según las regiones debido a regulaciones, infraestructuras y percepciones culturales diferentes.

Impacto Geopolítico:

La creciente adopción de la blockchain

Ethereum redefine las relaciones económicas, políticas y culturales a nivel global.

Desafíos y Oportunidades Futuras

Soluciones para el Futuro:

Los desafíos como la gobernanza, la escalabilidad y la seguridad encuentran soluciones en la innovación continua y la colaboración comunitaria.

Perspectivas para Ethereum:

Los desarrollos actuales y futuros definirán el futuro de Ethereum, impactando la economía, la sociedad y las relaciones internacionales.

En resumen, Ethereum no es simplemente una tecnología, sino una fuerza transformadora. Su futuro depende de la capacidad de la comunidad para enfrentar los desafíos y aprovechar las oportunidades, dando forma a un paisaje donde la descentralización, la innovación y la autonomía individual convergen hacia un horizonte prometedor.

El descubrimiento del universo Ethereum nos ha sumergido en una revolución tecnológica y social sin precedentes. Este viaje, lleno de descubrimientos, exploró los fundamentos, avances e implicaciones de una blockchain revolucionaria.

Ethereum ha allanado el camino hacia una era donde la confianza y la transparencia ya no dependen de intermediarios, sino que se basan en protocolos autónomos y descentralizados. Su introducción de contratos inteligentes ha abierto un horizonte de posibilidades infinitas, transformando sectores como las finanzas, la gobernanza y la creatividad artística.

Esta evolución constante, desde sus primeros días hasta la transición a Ethereum 2.0, refleja una determinación para enfrentar desafíos técnicos y adaptarse a las cambiantes necesidades de una comunidad global.

Sin embargo, junto con la innovación y las oportunidades, también surgen reflexiones profundas. El impacto social, económico y geopolítico de Ethereum se manifiesta en debates sobre la gobernanza, la igualdad y las relaciones internacionales redefinidas.

El futuro de Ethereum reside en la capacidad de fusionar la innovación y la ética, manteniendo la descentralización mientras se maneja la creciente complejidad de la tecnología. Es un desafío emocionante donde cada desarrollo, cada proyecto, da forma a un ecosistema más resiliente e inclusivo.

Así, al referirnos a este libro, contemplamos un horizonte donde la blockchain Ethereum, más que una tecnología, encarna una visión de un mundo más justo, transparente e interconectado. Un futuro donde la descentralización trasciende las fronteras para dar paso a nuevas formas de confianza, colaboración y posibilidades infinitas.